99× NORDSEE

zwischen Sylt und Cuxhaven

wie Sie sie noch nicht kennen

Christine Lendt

BRUCKMANN

Inhalt

Landkreis Dithmarschen

Elbmündung und Helgoland

Vorwort

Manch einer steht mitten in der Nacht dafür auf, den Lichtkegel der Taschenlampe über den Sand wandern zu lassen. Wenn es honigfarben schimmert im Tang des Spülsaumes, zwischen den dunklen Mündern der Miesmuscheln, den vom Meer rundgeschliffenen Steinen: Das ist pures Nordseeglück. Einen Bernstein zu finden, gehört zu den besonderen Momenten an dieser Küste. Doch zwischen Sylt und Cuxhaven verbergen sich auch noch ganz andere Schätze.

Auch wenn es schön ist, im Strandkorb zu dösen und der Brandung zu lauschen, es macht einen Urlaub noch viel reicher, auch dem Entdeckerdrang nachzugeben. Wo selbst Einheimische jeden Winkel zu kennen glauben, tut sich Überraschendes auf. Hinter vertrauten Plätzen oder Menschen stecken die ungewöhnlichsten Geschichten. Mit der Freude, an der Nordsee unterwegs zu sein und ihre Küste immer wieder neu zu erkunden, ist auch dieses Buch entstanden. Es führt zu Orten wie dem wohl einmaligen Löffellarium, der wohl kleinsten Schule der Welt, einer verschwiegenen Badestelle im Koog oder der Bankfiliale, unter der ein Goldschatz gefunden wurde. Genießer erfahren, wo ein dichtender Koch etwas für Gaumen und Ohren bietet oder man in einem Eiergrogseminar erlernt, das nordische Getränk richtig zuzubereiten. Auf anderen Pfaden offenbart sich kultureller Reichtum. Das schäumende Meer und seine einmaligen Küstenlandschaften inspirierten Künstler zu melancholischen Zeilen, kraftvollen Gemälden, friesischen Miniaturen. Wo besondere Werke zu finden sind, hat in einigen Kapiteln genauso Platz gefunden wie Hintergründiges zu den berühmten oder auch unbekannteren Menschen, die dahinter stehen. Und ein weiteres verrät übrigens, wo Sie auf jeden Fall Bernsteine entdecken werden.

Viel Vergnügen beim Lesen und Erkunden
Christine Lendt

01 Stempel im Zipfelpass von ganz oben

Wäre Deutschland ein Tischtuch, so befände sich List auf Sylt in der linken oberen Ecke. Also erklärten Touristiker den nördlichsten bewohnten Fleck zu einem von vier Zipfel-Orten. Wer sie alle innerhalb von vier Jahren besucht, bekommt regionale Spezialitäten geschenkt.

List auf Sylt gehört dem Zipfelbund an, genauso wie die Gemeinde Selfkant in Nordrhein-Westfalen, Oberstorf im Allgäu und die sächsische Stadt Görlitz. Sie markieren den nördlichsten, westlichsten, südlichsten und östlichsten Punkt des Landes. Der Bund wurde 1999 anlässlich der Feierlichkeiten zum Tag der Deutschen Einheit ins Leben gerufen. Mit dem Zipfelpakt verpflichten sich die vier Zipfelgemeinden, den Austausch zu pflegen. Reisende können sich bei der jeweiligen Touristinformation einen Zipfelpass holen und den Besuch abstempeln lassen. Wer innerhalb von vier Jahren alle vier Stempel gesammelt hat, bekommt das Zipfel-Paket mit Produkten aus den Reisezielen zugeschickt. Damit der Zipfelpass abgestempelt wird, muss der Inhaber mindestens eine Übernachtung in dem jeweiligen Ort nachweisen können.

Der Pass ist auch auf der Homepage des Zipfelbundes per Download erhältlich. Dort gibt es außerdem Berichte von Zipfelreisenden. Das sind immerhin schon mehr als 500, darunter prominente Zipfelpassinhaber wie Otto Waalkes, Karl Dall, Joschka Fischer oder die Schlagersängerin Stefanie Hertel. Es mag daran liegen, dass der eine oder andere ohnehin viel herumkommt und die Gelegenheit nutzt, um einen Stempel einzuheimsen. Wer es hingegen sportlich angehen möchte, macht eine Rundreise und bewältigt das komplette Tischtuch in so kurzer Zeit wie möglich. Der amtierende Rekordhalter ist Jochen Gölitz aus Halver. Er nächtigte vom 23. bis 26 April 2013 in allen vier Zipfelorten, schaffte die gesamte Zipfelreise innerhalb von 80 Stunden. Das Erlebnis fasst er in seinem Bericht zusammen: »Die Reise war eine weitere Bestätigung für mich wie schön es, trotz vieler unnatürlicher Verhaltensweisen von uns Menschen und unserem Umgang mit der Natur dieser Erde, in Deutschland ist.«

Zipfelbund · Prinzregentenplatz 1 · 87561 Oberstdorf ·
Tel. 08322 70 02 24, www.zipfelbund.de

Schon wegen der Landschaft mit ihren Stränden lohnt es sich, nach List auf Sylt zu kommen, den Besuch sollte man sich im Zipfelpass abstempeln lassen.

Aus jeder Perspektive spektakulär: Vom höchsten Punkt aus ist die Aussicht grandios, von unten betrachtet erscheint die Düne selbst riesig.

Eine Düne namens Uwe

02

Warum es der Vorname sein musste und nicht der Nachname, wie bei anderen Sehenswürdigkeiten oder Straßen, bleibt ein Rätsel. Klänge doch Lornsen-Düne etwas würdevoller. Auf Sylt nahm man es halt schon immer etwas lockerer. Oben kommen Freiheitsgefühle auf, was dem Namensgeber bestimmt gefallen hätte.

Uwe Jens Lornsen (1793–1838), geboren in Keitum auf Sylt, entstammte einer bedeutenden Kapitänsfamilie. Der Seekrieg zwischen Dänemark und dem Vereinigten Königreich verhinderte, dass auch er diesen Beruf ergriff. Stattdessen wurde er Jurist und Freiheitskämpfer. Als Regierungsbeamter in Kopenhagen war Lornsen acht Jahre lang für Schleswig, Holstein und Lauenburg zuständig. 1930 wurde er zum Sylter Landvogt ernannt und schon nach kurzer Zeit verhaftet, weil er es weiterhin als Pflicht ansah seine Landsleute aufzuklären. Nachdem er in Kiel und Rendsburg ein Jahr eingesessen hatte, schrieb er im brasilianischen Exil die »Unions-Verfassung Dänemarks und Schleswig-Holsteins«. Im Jahre 1838 erschoss sich Lornsen am Genfer See, wie es heißt aufgrund von einer Krankheit, die er selbst für unheilbar hielt. Heute gilt er als Vordenker des modernen Verfassungsstaats und Vorkämpfer der Einheit Schleswig-Holsteins. So war es für die Sylter nur konsequent, den höchsten Punkt der Insel nach ihm zu benennen.

Die Uwe-Düne auf dem Roten Kliff in Kampen bringt es auf 52,5 Meter. Eine Treppe mit 109 Stufen führt hinauf zu einer Aussichtsplattform. Von dort bietet sich ein grandioser Rundblick über die Insel, fast immer kann man auch bis nach Dänemark gucken. Im Sylter Heimatmuseum informiert eine ganze Abteilung über das Leben und Wirken Lornsens, auch ein Denkmal in Keitum wurde »Dem größten Sohne der Insel Sylt am Jahrestage der Erhebung Schleswig-Holsteins« gewidmet. In Westerland auf Sylt gibt es einen »Lornsenweg«. Es wurden schon mindestens drei Schiffe nach dem Freiheitskämpfer benannt. Auch in anderen Ortschaften Schleswig-Holsteins erinnern etliche »Lornsenstraßen« an ihn. Uwestraße wäre wohl dann doch etwas zu unkonkret.

Zur Uwe Düne · 25999 Kampen ·
www.sylt.de

03 Künstlertreff vor der Abbruchkante

Teile von Sylt verschwinden, mit Sandvorspülungen bemüht man sich es zu verhindern. Um ein schmuckes Anwesen am Rande der Kampener Heide vor Sturmfluten zu bewahren, war noch mehr nötig. Vor fast hundert Jahren zog das Gästehaus Kulturprominenz an wie wohl kein anderer Ort auf der Insel.

»Wir reisen wieder einmal. Wie gut, daß Kliffende bleibt.« Wenige Worte hinterließ Thomas Mann, an sich bekannt für kilometerlange Schachtelsätze, am 30. August 1928 im Gästebuch des Anwesens. Wahrscheinlich ahnte der Schriftsteller nicht, welche Bedeutung es fast hundert Jahre später haben würde: Haus Kliffende ist genauso beständig Unbeständigen betroffen wie alles andere. Es steht fast direkt an der Abbruchkante des Roten Kliffs, an dem die Naturgewalten nagen wie vielerorts an der Insel. Als sich Sturmfluten zu Jahresbeginn 1990 noch dichter herangefressen hatten, ließ die Eigentümerin geotextile Sandcontainer am Fuße des Kliffs einbauen. Sie sollen das Grundstück sichern, weil vorhergehende Sandvorspülungen es nicht ausreichend vermochten. An diesen Gebilden aus schwarzen Matten biss sich neun Jahre später Orkan »Anatol« die Zähne aus. Diverse Stürme legten die Geotextilien zwar frei, doch noch schützen sie die Steilküste, und Haus Kliffende steht noch immer.

▶ Im Erlebniszentrum Naturgewalten in List lässt sich per Knopfdruck nachvollziehen, wie sich die Küste von Sylt bei ansteigendem Meeresspiegel verändert.

Sollten die Naturgewalten es doch noch schaffen, verschwände ein illustres Stück Sylter Geschichte. In Haus Kliffende waltete Clara Tiedemann ab 1920 als erste Prominentenwirtin der Insel. So verweilte unter anderem auch Emil Nolde in dem Gästehaus. Der berühmte Maler richtete sich gleich ein Atelier auf dem ehemaligen Heuboden ein. Thomas Mann indes notierte schon bei einem früheren Besuch im Gästebuch, dass er wiederkommen wolle, jedoch: »… Man sollte freilich wohl nie wiederholen wollen, denn von vornherein ist gewiß, daß es das andere Mal anders sein wird.«

Haus Kliffende · auf dem Roten Kliff · 25999 Kampen · www.sylt.de · Privatbesitz, nicht zu besichtigen

Aus diesem Blickwinkel ahnt man nicht, wie dicht Haus Kliffende am Abgrund steht.
Am Roten Kliff nagen die Naturgewalten immer wieder.

Viele Spaziergänger gehen daran vorbei und übersehen, wofür dieser Stein steht.

Weltrekordflüge am Roten Kliff

04

Die im Abendlicht rot erglühende Steilküste zwischen Wenningstedt und Kampen ist heute als Naturwunder unter strengen Schutz gestellt. Kaum vorstellbar, dass sie einst als Startbahn diente: Hier gelangen Segelfliegern im frühen 20. Jahrhundert wahre Höchstleistungen. Eine Inschrift erinnert daran.

Katapultstart vom hohen Kliff in Richtung Meer. Schnell trägt der stramme Westwind den Flieger. Lautlos über das Wasser und die Dünen gleiten … Ein perfekteres Übungsgelände hätte die Segelschule Wenningstedt wohl kaum finden können. Von 1929 bis 1939 trafen hier tollkühne Männer aus dem ganzen Land ein, um in fliegende Kisten zu steigen. Auch einige »schneidige deutsche Mädel« trauten sich, heißt es in einem Buch mit diesem Titel. Nach dem Start galt es gleich eine Rechtskurve einzuleiten, die Aufwinde am hohen Kliff nutzend, und so ruhig wie möglich in der Luft zu bleiben. Als Landebahn diente der Strand. Mit vereinten Kräften wurde dann der Flieger für den nächsten Start wieder hinauf auf das Kliff geschoben. Im Jahr 1937 gelang es Ernst Jachtmann, sich am Roten Kliff für 40 Stunden und 55 Minuten in der Luft zu halten. Er stellte damit einen neuen Weltrekord auf.

Mit dem Beginn des Zweiten Weltkriegs wurde der Segelflugbetrieb auf Sylt zunächst eingestellt. Gemeinsam mit den Engländern startete man auf der Insel wieder in den 1950er-Jahren. Seit 1982 sind aus Naturschutzgründen keine Flüge mehr am Roten Kliff erlaubt, dafür gibt es inzwischen einen Segelflugplatz direkt neben dem Sylter Verkehrsflughafen. Der nördlichste Segelflugverein Deutschlands besteht noch immer. Er heißt Aero-Club Sylt e. V. und wurde bereits 1934 gegründet.

Auf dem Roten Kliff bei Wenningstedt erinnert ein großer Stein mit Inschrift an die legendären Weltrekordflüge. Das Naturwunder ist immer einen Spaziergang wert. Wenn die Schatten der Strandkörbe länger werden, beginnt das rund dreißig Meter hohe Ufer förmlich zu glühen. Für die Färbung sorgt rostroter Geschiebelehm, dessen eisenhaltige Bestandteile oxidieren.

Aero-Club Sylt e.V. · Email: info@aeroclub-sylt.de · www.aeroclub-sylt.de ·
Rotes Kliff · Zugänge über: Dünenstraße · 25999 Wenningstedt oder Straße »Zur Uwe Düne« ·
25999 Kampen · www.sylt.de

05 Wanderung in die Sylter Frühgeschichte

So herrlich es auch ist, wahlweise das Watt oder Sand unter den Füßen zu spüren, es lohnt sich, auf Sylt genauso andere Wege einzuschlagen. So könnte man sich auch mal auf die »Hünen.kul-Tour« begeben. Die archäologische Route entführt zu Großsteingräbern und Hügelfeldern.

Viele wissen nicht, dass Sylt besonders stark von der Kultur der Grabhügel und Megalithgräber geprägt wurde, genauso wie Föhr und Amrum. Die hohen Grabstätten formten eine eigenwillige Landschaft auf den flachen, fast baumlosen Inseln. Einige der Relikte aus dem Neolithikum (Jungsteinzeit), der Bronzezeit und der Wikingerära sind erhalten geblieben. Zu den bekanntesten zählen auf Sylt der Tipkenhoog in Keitum und der Denghoog in Wenningstedt. Letzterer ist das größte begehbare Steinzeitgrab Schleswig-Holsteins. In seinem Inneren entdeckten Archäologen die Reste eines Leichnams sowie unter anderem Gefäße, Werkzeuge und Bernsteinperlen. Die Fundstücke befinden sich nun im Museum Schloss Gottorf in Schleswig. Kopien davon sind im Sylter Heimatmuseum ausgestellt.

▶ Die Gedenkstätte »ZeicheNach der Nordtour in der Kupferkanne Kaffee trinken: Das kultige Lokal in der Steinbaracke verbirgt sich in einem Gelände aus Hünengräbern der Bronzezeit.

Doch es sind auf der Insel auch noch viele unbekanntere Schauplätze der Gräberkultur zu entdecken. Um diesen Teil der Geschichte erlebbar zu machen, hat der Verein Söl'ring Foriining e. V. einen archäologischen Lehrpfad in drei Etappen gestaltet, der seit 2012 begehbar ist: Geleitet von einer Broschüre können sich Interessierte auf die »Hünen.kulTour« begeben. Insgesamt mehr als dreißig Infotafeln begleiten die Wanderungen oder Fahrradtouren, wahlweise im Norden, Süden oder in der Mitte der Insel. Sie führen entlang der Stätten, die schon in der Sylter Vor- und Frühgeschichte eine Rolle spielten. Dabei wurden die Standorte an den Fuß- und Radwegen so ausgewählt, dass die Tafeln nicht verfehlt werden können.

Söl'ring Foriining e. V. · Am Kliff 19 a · 25980 Sylt/Keitum · Tel. 04651 32 80 5 · www.soelring-foriining.de (Broschüre zum Download unter › Denkmalpflege › Denkmalschutz)

Der Denghoog ist das größte begehbare Steinzeitgrab Schleswig-Holsteins.

06 Kampener Inspirationsquellen ergründen

»Die Dämmerung dauert bis Mitternacht, bis sie sich fast unmerklich in Mondhelle verwandelt. Man mag noch nicht schlafen. Die Regenpfeifer schwärmen auch noch über die Heide. Geruch von Salz, von Tang, von Heu. Die Tümpel des Wattenmeeres gleißen wie Scherben unter dem Mond.«

Diese Worte verewigte Max Frisch in seinem Tagebuch, als er 1949 einige Wochen auf Sylt verbrachte. Der Verleger Peter Suhrkamp hatte den Schweizer Schriftsteller, heute bekannt durch Romane wie »Homo Faber«, in sein Kampener Haus eingeladen. Ganz in der Nähe kann heute jeder Spaziergänger die poetische Liebeserklärung an die Nordseeinsel lesen. Sie steht auf einer Tafel nahe der Uwe-Düne und gehört zum Kunst- & Kulturpfad. Mit diesem werden vor Ort Künstler und Kunstschaffende geehrt, die sich Kampen verbunden fühlten. So kann nun jeder in der besonderen Landschaft aus Strand und Watt, Dünen und Heide auf den Spuren derer wandeln, die sich auf Sylt und besonders in Kampen inspirieren ließen. Dabei erfährt man zum Beispiel, dass der Maler und Grafiker Otto Eglau (1917–1988) im Watt seine Fundgrube sah, in der er jeden Tag neue Formen und Farben entdeckte. Oder von der Tänzerin und Gastronomin Valeska Gert (1892–1978), die 1950 hier das Lokal »Ziegenstall« mit gewöhnungsbedürftigem Ambiente eröffnete. Die Route führt zu beschrifteten Bronzeguss-Platten auf Metallständern, die an markanten Stellen im Dorf aufgestellt wurden. Oftmals eher unbekannte Zitate verleiten zum Innehalten, Träumen, Schmunzeln, Philosophieren. Jede Stele ist obendrein mit einem QR Code versehen, über den Hintergrundinformationen zum jeweiligen Künstler abrufbar sind. Wer lieber Papier in der Hand hält, kann sich das Kunstpfadbuch mit Routenplan vorab online oder im Kaamp-Hüs kaufen. Dort starten auch begleitete Spaziergänge über den Kunst- & Kulturpfad, der schon 32 Stelen umfasst.

▶ **Infos auch bei: Falkenstern Fine Art & Atelier Sprotte · Alte Dorfstraße 1 · 25999 Kampen · Tel. 04651 42413 · www.FalkensternFineArt.com**

Kaamp-Hüs · Tourismus-Service Kampen · Hauptstr. 12 · Kampen · Tel. 04651 46980 · www.kampen.de · Kunstpfadbuch (7,90 Euro) auch bei www.syltiges.de

Während der Kampener Leuchtturm unübersehbar ist,
muss man die Stelen des Kunst- und Kulturpfades ein wenig suchen.

07 Die Akademie am Meer

In den Dünenhügeln bei List ducken sich kleine Hütten, benannt nach Meeresgöttern oder Himmelsgestirnen, verbunden durch Treppchen und von Hagebuttenbüschen gesäumten Wegen. Es sind Domizile für Suchende und Lernende. Fast ein wenig verwunschen wirkt dieser Ort.

»Wir pflegen den Mythos des Geheimnisvollen«, sagt Dr. Hartmut Schiller, der Herr über Klappholttal, einen wohl einmaligen Hort der Erwachsenenbildung. Kaum ein Urlauber kennt diesen ursprünglichen Platz auf der Insel und für viele Sylter ist die Akademie am Meer noch immer ein Rätsel. Während sich Promis auf der Kampener »Whiskeymeile« amüsieren, suchen die Gäste hier Ruhe und Harmonie mit sich und der Natur. Sie kommen in den putzigen Hütten unter, die sich auf dem rund 7,5 Hektar großen Dünengebiet verteilen. Einfach, aber behaglich eingerichtet, ausgestattet mit fließend Wasser, Heizung und Telefon, einige auch mit eigenem WC und Dusche.

Die Akademie am Meer, gegründet 1919, ist eine der ältesten Volkshochschulen in Schleswig-Holstein. Sie ist als Weiterbildungsstätte staatlich anerkannt und versteht sich als Ort der Begegnung und des Gesprächs, als Platz der Ruhe und der Gemeinschaft. Träger ist der gemeinnützige Verein »Nordseeheim Klappholttal e. V.«.

Bildung zwischen Vortragssaal und Strand ist in Klappholttal Programm. Für Hörer jeden Alters wird ein abwechslungsreiches literarisches, wissenschaftliches und musisches Programm geboten. Basenfasten etwa ist genauso möglich wie Nordic Walking oder authentisches medizinisches Qi Gong. Vom Morgentanz bis zum Klavierabend ist alles dabei, auch Besonderes wie eine Paluccawoche mit der renommierten Tanzschule aus Dresden oder ein Workshop in Choreografie und Improvisation. Studienwochen in den Dünen regen den Umgang mit Malerei, Sprache, Astronomie, Gymnastik, Musik, Atem-, Tanz- und Entspannungsübungen an. Dies und noch vieles mehr passiert hier, am Rande des Nordsylter Naturschutzgebietes.

Akademie am Meer e.V. · 25992 List / Sylt · Tel. 04651 95 50 · www.akademie-am-meer.de

Die Wohnhütten der Bildungsstätte verteilen sich im idyllischen Dünengebiet.
Es ist ein ganz anderes Sylt als im nur wenige Kilometer entfernten Kampen.

08

Das wohl weltgrößte Kalttauchbecken

Wer auf Sylt in Richtung Westen läuft, macht keinen Fehler: Es geht immer zum Strand. Und immer ist eine Möglichkeit nah, sich für ein Bad in der Nordsee ausreichend aufzuheizen. Auch im November, auch zu Weihnachten, auch im Januar. Bei einer Saunatour von Nord nach Süd lernt man alle kennen.

Im Norden weiß man schließlich: Am Meer ist es immer schön, sofern die Kleidung passend gewählt wurde. Und möchte man mal gar keine tragen, gibt es auch eine Lösung. Gleich fünf Strandsaunen verteilen sich an der Sylter Westküste. Schwitzen bei sagenhaftem Panorama, befreit von Textil durch die Dünen laufen und schließlich eintauchen in das prickelnde Meer.

Wer die fast 40 Strandkilometer von List im Norden bis Hörnum im Süden entlang wandert, kann jeden Tag eine andere Strandsauna ausprobieren. Man beginnt dann mit dem »Listland«, zu dem drei finnische Blockhaus-

Nach dem Schwitzen über das Meer schauen oder gleich hineinspringen …

saunen inmitten der Dünen gehören. Weiter geht es am Roten Kliff bei Kampen, stilvoll ist dort die Bullaugen-Sauna »La Grande Plage« neben dem zugehörigen Bistro. Eine finnische 90-Grad-Sauna, eine 70-Grad-Sauna mit Aroma und Farblicht sowie ein Ruheraum mit Außenterrasse laden zum wohligen Aufseufzen ein. Der Bereich rund um Westerland bietet als textile Zone kein FKK und somit auch keine Strandsaunen. Aber dann, im Sylter Süden, folgen gleich drei hintereinander. Die »Strandsauna Rantum« befindet sich am Dünensaum beim Campingplatz. Von dort ist es nicht mehr weit zur Sauna am »Samoa-Strand«, der einzigen auf Sylt mit römischem Dampfbad. Eine finnische Saunakabine wurde zur Saison 2016 neu ausgestattet, vor dem großen Panoramafenster tost das Meer. Die südlichste Sauna auf Sylt ist auch die alteingesessenste: Schon seit mehr als 40 Jahren schwitzen Stammgäste und andere in den Dünen von Hörnum. Eine urige Blockhaussauna wurde hier inzwischen um eine Biosauna mit Licht und Klang erweitert.

Das prickelnde Nordseesalz gibt es auch für den Gaumengenuss – bei der Salzmanufaktur List auf Sylt. Erhältlich vielerorts auf der Insel und bundesweit (Infos: www.sylter-meersalz.de).

Listland · www.strandsauna-list-auf-sylt.de · **La Grande Plage** · www.grande-plage.de · **Rantum Campingplatz** · www.strandsauna-sylt.de · **Samoa** · www.strandsauna-samoa.de · **Strandsauna Hörnum** · www.strandsauna-hoernum.de

09

Immaterielles Erbe der Walfänger

Osterfeuer kennt man an vielen Orten. Nur wenige Auswärtige hingegen wissen, warum in Nordfriesland auch in der Nacht zum 22. Februar gigantische Feuer lodern – inzwischen sogar schon bis hinüber zur Ostsee. Seit 2014 hat das Biikebrennen obendrein den gleichen Status wie das närrische Treiben am Rhein.

Feuer waren an der schleswig-holsteinischen Nordseeküste noch bis ins 17. Jahrhundert ein Zeichen des Abschieds. Die Frauen der Walfänger entzündeten sie am Strand, um ihren fahrenden Männern ein sicheres Geleit zu geben. So entstand die Tradition des Biikebrennens. Der friesische Begriff »Biike« bedeutet so viel wie Feuerzeichen (Bake). Es ist außerdem ein uralter heidnischer Brauch, um die kalte Jahreszeit auszutreiben und so feiert man das Biikebrennen auch heute – traditionell am 21. Februar, dem Vorabend des Petritags. Dieser markierte in der mittelalterlichen Schifffahrt das Ende der Winterpause. Nach dem Ruf »Tjen di Biiki ön!« (»Zünde die Bike an!«) gehen an diesem Abend auf Sylt hoch aufgetürmte Holzstöße in Flammen auf. Tausende von Zuschauern strömen in Fackelzügen aus den Dünen und stimmen dann in die Sylter Hymne »Üüs Söl'ring Lön« ein. Dies sind Worte aus der Inselsprache Sölring. Zu einem echten Biikefeuer gehört außerdem Grünkohl mit Bratkartoffeln, Schweinebacke, Kassler und Kochwurst.

▶ Auf Sylt wird auch der Petritag (»Pidersdai«) groß gefeiert. Am 22. Februar ist schulfrei und es gibt Veranstaltungen in vielen Sylter Dörfern, besonders für Kinder.

Insgesamt neun Biikefeuer werden jährlich auf der Insel entzündet. Sie sind riesig und scheinen bei klarem Wetter auch von den Nachbarinseln und vom Festland herüber. Das Biikebrennen zelebriert man unter anderem auch auf Föhr, Amrum und in Tönning. Sogar bis an die Ostseeküste hat sich das friesische Volksfest inzwischen verbreitet. Seit 2014 hat es denselben Status wie etwa der Rheinische Karneval: Es wurde in das nationale Verzeichnis des immateriellen Kulturerbes aufgenommen.

Biikebrennen · www.nordseetourismus.de · Veranstaltungshinweise zum Petritag z. B. auf www.gemeinde-sylt.de · **Söl'ring Foriining e.V.** · Am Kliff 19 a · 25980 Keitum · Tel. 04651 32 80 5 · www.soelring-foriining.de

Die Feuer sind so riesig, dass sie teils sogar vom Festland aus sichtbar sind.

Ein Leuchtturm wie gemalt, Sand und Meer, soweit das Auge reicht:
Bei Anblicken wie diesen verblassen selbst Traumstände auf Korfu, Sardinien oder den Balearen.

Ein Star, auch in Amerika

10

Während sich Sylt im Glamour sonnt, man edle Schalentiere in der Austernstube knackt, ist Amrum vor allem etwas für Abenteurer und Entdecker. Doch in gewisser Hinsicht ist die Schwesterinsel sogar noch berühmter: Ihr Kniepsand wurde in New York zu einem der schönsten Strände der Welt gekürt.

Eine schier grenzenlose Sandfläche, gesäumt von einer Dünenlandschaft aus großen Hügeln und den Tupfern der noch winzigen Primärdünen. Mittendrin der Süßwassersee Wriakhörn mit wildem Vogeltreiben. Dazu ein Leuchtturm wie eine Zuckerstange: Amrums Kniepsand ist so wunderschön, dass er schon öfter einen Spitzenplatz bei Strandrankings erreichte. Im Sommer 2015 gelang dem Naturstar der Durchbruch auf dem internationalen Parkett. Das New Yorker Reise- und Lifestylemagazin »Condé Nast Traveler« wählte ihn auf Platz drei der schönsten europäischen Inselstrände, hinter Skiathos in Griechenland und einem Strand auf der spanischen Insel Menorca. Damit schaffte es Amrum als einziger deutscher Strand in die Top 12 und ließ unter anderem Traumstände auf Korfu, die Cala Goloritzé auf Sardinien sowie Strände auf Mallorca und Ibiza hinter sich.

Als einer der größten Strände Europas bringt es der Kniepsand auf eine Länge von rund 15 Kilometern und eine Breite von bis zu zwei Kilometern, wobei die Angaben auch mal variieren. Der Strand ist laufend in Bewegung und gehört rein geologisch betrachtet gar nicht zu Amrum. Vielmehr ist er der Insel als Saum angelagert und war noch in den 1960er-Jahren durch einen Priel von ihr getrennt. Der rot-weiß geringelte Leuchturm steht schon seit 1875 auf einer Düne, so bringt er es auf eine Gesamthöhe von 64 Metern. Von oben bietet sich ein grandioser Blick über die Naturschönheit. Dabei könnte man fast vergessen, dass Amrum noch mehr zu bieten hat, etwa das »Öömrang Hüs«, den »Sprechenden Friedhof« und das Naturschutzgebiet Amrum Odde.

▶ **Im Haus Dünengrund preiswert übernachten. Es liegt in der Dünenlandschaft, ein Holzbohlenweg führt direkt zum Kniepsand (www.duenengrund.de).**

Kniepsand · westliche Inselküste von Amrum · www.amrum.de

11 Früher Dosenfleisch, heute Naturerlebnis

Mitten auf Amrum führt eine unscheinbare Abzweigung zu einer Vogelkoje. Was nach einem Schiffsbett für Piepmätze klingt, war im 19. Jahrhundert eine Fanganlage für vorbeiziehende Wildenten. Diese hier verwandelte sich in einen Naturerlebnisraum. Ein Erbe, das sich auch auf anderen nordfriesischen Inseln findet.

Der Begriff Koje entstammt dem niederländischen Wort »Kooi« und bedeutet außer Verschlag (was die Verwendung bei Schiffen erklärt) auch Käfig. Eine Vogelkoje bestand meist aus einem Teich, von dem vier mit Netzen überspannte Seitenarme ausgingen, die sogenannten Pfeifen. An deren Enden befanden sich Reusen. Hier wurden die Vögel mithilfe von Lockvögeln oder Hunden hineingetrieben. So fing man auf Amrum von 1866 bis 1936 rund 500 000 Wildenten und verarbeitete sie unter anderem zu Dosenfleisch. Das alles ist längst vorbei und das Gelände wurde zu einem Brut- und Rastgebiet für etliche Vogelarten, wie zum Beispiel die Graugans.

▶ Die Amrumer Odde, also die Nordspitze der Insel, ist ein Natur- und Vogelschutzgebiet. Besucher können es bei Führungen des Vereins Jordsand erleben.

Seit 2011 ist die Vogelkoje Meeram ein Naturerlebnisraum. Es führt ein mit Infotafeln beschilderter Bohlenweg hindurch. Dabei erfahren die Besucher mehr über das ehemalige Fangsystem, die zugehörige Natur und den Einfluss des Menschen. Mit in den Erlebnisraum einbezogen wurden außerdem archäologische Fundstätten der nahen Umgebung. Ein Kinderspielplatz und ein Damwild-Gehege kamen hinzu. Für die Fanganlage war seinerzeit der »Kojenmann« zuständig. Über dessen Wirken informiert eine Ausstellung im Naturzentrum Norddorf, ungefähr vier Kilometer von der Vogelkoje entfernt, im nördlichsten Dorf der Insel.

Vogelkojen sind auch auf anderen nordfriesischen Inseln zu finden, etwa auf Pellworm. Auf Sylt gibt es sogar drei. Die Vogelkoje in Kampen war von 1767 – 1921 in Betrieb und ist heute ein beliebtes Ausflugsziel mit Restaurant.

Vogelkoje Meeram · 25946 Nebel/Amrum · zu erreichen über die Straße Tanenwai · **Restaurant Vogelkoje** · Lister Straße 100 · 25999 Kampen/Sylt · Tel. 04651 95 25 0 · www.vogelkoje.de

Für die Fanganlage war seinerzeit der »Kojenmann« zuständig.

Noch immer liegen Teile des Wracks vor Amrum und zeigen sich bei Niedrigwasser.
Das Rettungsboot der Pallas ist im Seezeichenhafen Wittdün ausgestellt.

Grund genug für ein Haveriekommando

12

Die Besatzungsmitglieder trieben im Wasser, im tosenden Sturm zwischen brennenden Holzpaketen, die laufend von Bord fielen. Ihr Versuch, die Pallas über Rettungsinseln zu verlassen, war gescheitert. Das Rettungsteam begann mit der Bergung, doch auch der Hubschrauber wurde von den Böen hin- und hergeworfen.

So ereignete es sich nach einem Bericht von Christian Dienst; er steuerte den Helikopter der Bundeswehr in dieser Nacht zum 26. Oktober 1998. Er war auf Helgoland stationiert und sollte zu dem brennenden Holzfrachter vor der Küste fliegen. Das Schiff stand lichterloh in Flammen, als er ankam. Da hatte die Crew die Pallas bereits aufgegeben. Der philippinische Schiffskoch starb bei der Bergung an einem Herzinfarkt. Alle anderen der insgesamt 17 Besatzungsmitglieder konnten lebend geborgen werden, einer war schwer verletzt. Die Pallas fuhr unter der Flagge der Bahamas. Als das Feuer ausbrach, war sie vor der dänischen Küste in Richtung Süden unterwegs. Die Holzladung war in Brand geraten.

Nach der Bergung der Besatzung misslangen alle Versuche, das Schiff auf die offene See zu schleppen. Führerlos trieb es in das Gebiet des Nationalparks Schleswig-Holsteinisches Wattenmeer und lief am 29. Oktober südlich von Amrum auf Grund. Rund 244 Tonnen gebunkertes Öl gelangten in die Nordsee und verursachten eine Ölpest in einem Vogelschutzgebiet. Es betraf 12.000 Seevögel und mehrere Dutzend Seehunde. Koordinierte Rettungsmaßnahmen waren ausgeblieben, auch mangelte es an Sicherheitsvorschriften in ökologisch sensiblen Seegebieten. Eine Woge der Kritik führte zu umfangreichen politischen Untersuchungen. Daraufhin wurde das Havariekommando in Cuxhaven gegründet. Es soll ein Management bei Unfällen im Bereich der Nord- und Ostsee gewährleisten. Die Pallas indes wurde zum Mahnmal. Noch immer liegen Teile des Wracks vor Amrum und sind bei Niedrigwasser zu sehen.

▶ **Ein Rettungsboot der Pallas ist im Seezeichenhafen Amrum ausgestellt. Dort werden auch Führungen zu Seetonnen, Leuchtfeuer, Baken und Pricken angeboten.**

Amrum Touristik Wittdün · Inselstraße 14 (Fähranleger) · 25946 Wittdün · Tel. 04682 94 03 0 · Zweigstellen in Nebel und Norddorf · www.amrum.de

13 Klönen, geschützt vor invasivem Vieh

Wie praktisch: eine Tür, horizontal geteilt, unten abschließbar und gleichzeitig oben zu öffnen. Das weiß man zu schätzen, wenn Katzen, Hunde oder Hühner auf dem Hof herumstromern, die bei offener Tür in die Stube gelangen könnten. Ist nur die obere Hälfte geöffnet, lässt sich auch gemütlich ein Schwätzchen mit der Nachbarin halten, oder (wie man auf Platt sagen würde): ein Klönschnack. Eine Klöntür gehörte also in früheren Jahrhunderten unbedingt zu einem friesischen Bauernhaus. Ein gut erhaltenes Beispiel ist am Amrumer »Öömrang Hüs« zu finden. Das wiederum ist nach dem Inseldialekt Öömrang benannt.

Öömrang Hüs · Amrumer Archiv & Museum · Waaswai 1 · 25946 Nebel · Tel. 04682 21 18 · www.oeoemrang-hues.de

14 Funkelfeuer für die Zimmerwand

Jürgen Sönnichsen fuhr schon als Schüler mit Krabbenkuttern raus und wurde schließlich selbst Seemann. Auf dem Segelschulschiff Passat machte er Bekanntschaft mit »Seeteufel« Graf Luckner. Auf einem alten Fischdampfer erlebte er harte Zeiten. Er ging nach Übersee, dann zwang ihn ein schwerer Unfall zur Umschulung. Er wurde Bauzeichner. Doch ein wahrer Seemann bleibt ein Seemann. So fand er vor 40 Jahren zum Meer zurück. Jürgen Sönnichsen hat in seinem Leben schon viele Leuchttürme, Leuchttonnen und Seezeichen gesehen. Solche blinken nun auf seinen Lichtseekarten, selbstverständlich in der originalen Kennung. So können Leuchttürme ihr Signal unter anderem als Gleichtakt-, Blitz- oder Funkelfeuer in die Dunkelheit schicken.

Lichtseekarten Jürgen Sönnichsen · Tanenwai 46 · 25946 Nebel · Tel. 04682 13 82 · www.lichtseekarte.de

Begrüßung an einer Klöntür in friesischer Tracht.
Seemann und Kartenkünstler Jürgen Sönnichsen.

Das Öömrang Hüs auf Amrun ist heute ein Heimatmuseum.

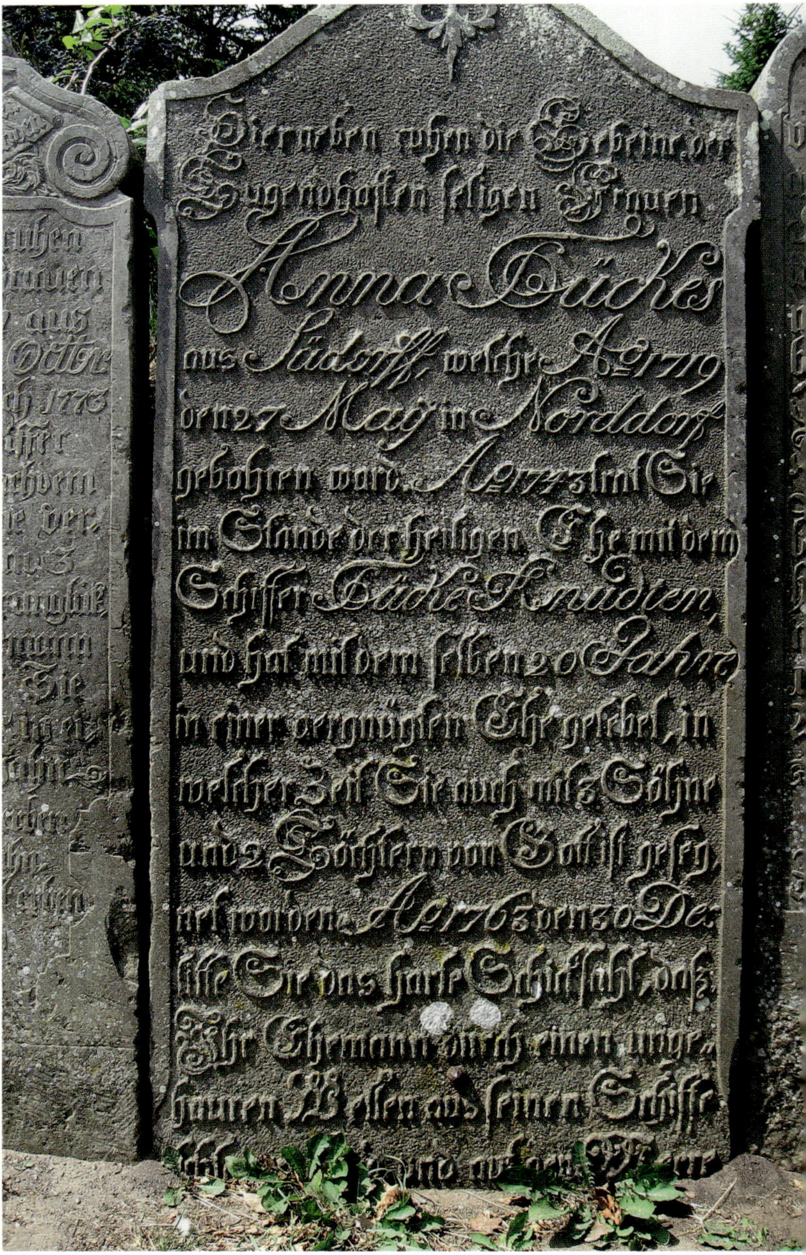

Ganze Lebensläufe fanden Platz auf friesischen Grabsteinen.

Wo Friedhöfe zu Erzählern werden

15

Manchmal ist die Inschrift verwittert, manchmal ihr Ende im Boden versunken. Bei einigen ist die Sprache so alt, dass heutige Leser sie kaum noch verstehen. Etliche Grabsteine auf nordfriesischen Inselfriedhöfen erzählen ganze Lebensgeschichten und auch die eingemeißelten Bilder sprechen Bände.

Karg war sie schon immer, die Landschaft der Nordfriesischen Inseln, mehr Reichtum versprach das Meer. Ab dem späten 17. Jahrhundert entdeckten die Bewohner den Walfang als Quelle des Wohlstands. So soll der Sylter Walfangkommandeur Lorens de Hahn seinen Töchtern umgerechnet vier Millionen Euro hinterlassen haben. Auch in der Bestattungskultur spiegelte es sich wider: Wohlhabende Walfänger und Kapitäne ließen sich besonders prachtvolle Grabsteine setzen. Ihre Inschriften erzählen die Lebensgeschichte der Verstorbenen. So kamen Amrum, Sylt und Föhr, aber auch Orte am Festland, zu ihren »Sprechenden Friedhöfen«.

Den wohl größten Bestand an Grabmalen unter den nordfriesischen Friedhöfen hat der Kirchhof von St. Johannis in Nieblum auf Föhr. Er beherbergt 265 historisch wertvolle Grabplatten und Grabsteine. Hier erfährt man auch vom ehemaligen »Schiffscapitain Peter Rickerts in Nieblum und seinen vier Ehefrauen«, der am 11. April 1854 starb. Wie bei einem Lebenslauf sind sämtliche Hochzeiten, die Namen der Gemahlinnen und die Anzahl der geborenen Kinder aufgeführt. Ein anderer Grabstein zeigt ein Schiff in schwerer See, einen betenden Seemann und den Finger Gottes kunstvoll in den Stein gemeißelt. Er steht am Grab von Rörd Knuten, der sich »ao (anno) 1744 des Seeberufes gewidmet« hatte und unter anderem auf einem Grönländischen Walfänger unterwegs war.

Viel verrät bei sprechenden Grabsteinen auch die Bildgestaltung des Reliefs, zu dem oft der Familienbaum gehört. Die Tulpen darin stehen für männliche, die sternförmigen Blumen für weibliche Familienmitglieder. Geknickte Blüten zeigen, dass die Betreffenden vor der bestatteten Person verstorben sind.

Tourist-Information Föhr: Im W.D.R. Servicegebäude · Am Fähranleger 1 · 25938 Wyk auf Föhr · Weitere Stationen im Aquaföhr in Wyk sowie in Nieblum und Utersum · Tel. 04681 300 · www.foehr.de · www.sylt.de · www.amrum.de

16 Zwei Inseln in Festland verwandeln

Doch, das geht. Und zwar bei Amrum und Föhr. Jeder kann es, der zu einer bestimmten Zeit von der Amrumer Odde in östliche Richtung läuft, oder andersherum. Simsalabim, die Nordsee ist verschwunden, ohne Boot kann man sich nun nach Föhr begeben. Nur, so ganz trocken bleiben die Füße dabei nicht.

Man nennt die Tour zwischen der Nordspitze Amrums und Dunsum auf Föhr aus gutem Grund die »Perle unter den Wattwanderungen«. So etwas wie sie ist schließlich selbst im wattreichen Nordfriesland so selten wie die kleinen, von Austern produzierten Kugeln. Die einfache Strecke ist rund acht Kilometer lang, dafür sind im Watt drei bis vier Stunden einzuplanen. Doch auch wenn man sich scheinbar leicht selbst orientieren könnte, gilt: Niemals ohne einen ortskundigen Wattführer laufen! Schon so manche unterschätzten die Kraft und Schnelligkeit des Wassers und brachten sich dadurch in Lebensgefahr. Bei auflaufendem Wasser füllen sich die Priele, also die Wasserläufe im Watt, und bilden Strömungen. Wasserflächen tauchen plötzlich dort auf, wo vorher noch keine waren. Aufkommender Nebel kann einem jegliche Sicht zum Festland nehmen.Die Wattführer wissen genau, bei welchem Wetter es losgehen kann. Auch kennen sie die ideale Route, bei der nur seichte Priele zu durchwaten sind und man am besten durch das »Mittelloch« vor Amrum kommt. Auf beiden Inseln wird diese Tour regelmäßig angeboten, zurück geht es mit der Fähre. Die Startzeit der Wattwanderung hängt natürlich von den Gezeiten ab. Sie ist zu jeder Jahreszeit ein Erlebnis, auch bei Wind und Wetter in Gummistiefeln. Amrums Nationalpark-Wattführer Dark Blome führt sie sogar im Winter durch (dann in einer schützenden Wathose). Termine und Preise gibt es bei der jeweiligen Tourist-Information, auch im Veranstaltungskalender auf der entsprechenden Webseite oder direkt bei den Wattführern.

▶ **Auch in den Nationalpark-Häusern kann man »durch das Watt« laufen. Auf Föhr beinhaltet die Ausstellung sogar eine Kältekammer und einen begehbarem Wattwürfel.**

Amrums Nationalpark-Wattführer Dark Blome · www.der-inselläufer.de · **Wattführer Reinhard Boyens** · www.wattwandern-amrum.de · **Wattführer Andreas Herber** · Tel. 04682 21 75 · Amrum

Bei anderen Touren ins Watt bleibt das Meer als Kulisse.
Auch der Blick zum Boden offenbart so manches..

Preisgekrönt ist der Museumskomplex der Architekten Sunder-Plassmann.
Besonders ist auch das Ausstellungskonzept mit seinen Präsentationen

Küstenkunst, von Wattenmeer umgeben

17

Die Nordsee mit ihrem Spiel aus Licht und Wellen vor der Tür, rundherum Landschaften, die zum Dichten, Malen und Träumen verleiten: Alkersum auf Föhr ist ein Ort für Kreative. Und doch war es ein Wagnis, was sich die Initiatoren dieses Museums vorgenommen hatten.

Manch einer war skeptisch: Könnte sich hier, inmitten des Wattenmeeres, ein international anerkanntes Museum für die Kunst des 19. bis 21. Jahrhunderts etablieren? Es konnte. Vielleicht liegt es auch daran, dass eine hochkarätige Gemäldesammlung zum Thema »Meer und Küste« nur an Plätzen wie diesem wirklich heimisch werden kann. Ganz bestimmt aber an dem besonderen Ausstellungskonzept, einer Präsentation, die Malerei und Grafik mit groß geplotteten Wandzitaten aus der Literatur und internationaler zeitgenössischer Kunst vereint, untergebracht in einem preisgekrönten Museumskomplex der Architekten Sunder-Plassmann. So hat es sich auch unter Kunstkennern längst herumgesprochen, dass es gute Gründe dafür gibt, nach Föhr zu kommen. Das 2009 eröffnete Museum widmet sich den Lebenswelten der Westküste und anderen Themen des Meeres. Zur Dauerausstellung gehören unter anderem Werke von Emil Nolde, Edward Munch und Max Liebermann. Bei jährlich bis zu acht Sonderausstellungen mit Künstlern von der Romantik bis zur Gegenwart dreht sich alles um Meer, Wasser, Küstenleben, Natur und Reise, mit regionalem oder weltweitem Bezug. Auch neue Medien wie Video-, Performance-, Installationskunst und Fotografie prägen manche der Präsentationen. Für das Kulinarische sorgt das zugehörige Restaurant und Café »Grethjens Gasthof«. Das Museum Kunst der Westküste richtet sich ganz besonders auch an junge Besucher. In Workshops und bei anderen Veranstaltungen wird die Liebe zur Malerei geweckt. In dem von der Bühnenbildnerin Birgit Angele gestalteten Blau-Raum können Jungs und Mädchen ganz in die Farbe des Meeres eintauchen und einiges unternehmen, etwa Nachrichten mit der Flaschenpost versenden.

Museum Kunst der Westküste · Hauptstraße 1 · 25938 Alkersum/Föhr · Tel. 04681 747400 · www.mkdw.de

18 Gehäkelte Korallen von der Nordsee

Im Jahr 2012 setzte man im Museum Kunst der Westküste ein ökologisches Statement. Zugleich wurde gezeigt, wie sich eine vermeintliche »Hausfrauenbeschäftigung« bei einem wissenschaftlich-künstlerischen Projekt auf internationaler Ebene einsetzen lässt. Es entstand »The Föhr Reef«.

Die Mathematikerin Daina Taimina häkelte in den 1990er-Jahren Modelle, um ihren Studenten bestimmte Eigenschaften der hyperbolischen Geometrie auf anschauliche Weise näher zu bringen. Diese Geometrie weicht ab von der soweit bekannten, euklidischen Geometrie des dreidimensionalen Raumes, und wer als Unwissender auch nur kurze Erklärungen dazu liest, bekommt Gehirnverknotungen. Diese Modelle jedenfalls, sie dürften den Studenten ziemlich geholfen haben. Bei dem Häkelprojekt im Kunstmuseum waren sie ebenfalls nützlich: Sie dienten als Grundformen der einzelnen Korallen.

sie ebenfalls nützlich: Sie dienten als Grundformen der einzelnen Korallen. Das Ergebnis »The Föhr Reef« vereint also komplexe mathematische Strukturen mit einer traditionsreichen Handarbeitstechnik und der bedrohten Schönheit maritimer Ökosysteme. Ein Ziel dabei war, auf ästhetische und spielerische Weise für die Folgen der zunehmenden Umweltzerstörung und Klimaerwärmung zu sensibilisieren.

Mehr als 700 Personen aus Deutschland, Dänemark, den Niederlanden, der Schweiz und Österreich wirkten an dem gehäkelten Korallenriff mit. So entstand von Januar bis Juni 2012 ein kollektives Kunstwerk. Es ist Teil des internationalen Kunstprojektes »The Hyperbolic Crochet Coral Reef«, ins Leben gerufen von den australischen Zwillingsschwestern Christine und Margaret Wertheim vom Institute For Figuring in Los Angeles. Das Projekt widmet sich der Ästhetik und Vermittlung mathematischer und naturwissenschaftlicher Theorien. »The Föhr Reef« wurde noch im selben Jahr im Museum Kunst der Westküste präsentiert. Dort ist es nun nicht mehr ausgestellt, sondern auf Wanderschaft gegangen.

▶ Im Museumsshop ist eine Klappkarte mit Bild des Häkelriffs erhältlich, wahlweise auch mit Dokumentarfilm zum Projekt (2,40/ 9,50 Euro, plus ggf. Versandkosten).

Museum Kunst der Westküste · Hauptstraße 1 · 25938 Alkersum/Föhr · Tel. 04681 74 74 00 · www.mkdw.de

Jörn Sternhagen ist Koch und Poet aus Leidenschaft.
Seine kulinarischen Kreationen können sich sehen lassen.

Jeden Mittwoch Gerichtgedichte

19

»Es war einmal ne Nordseescholle/ ihr Name spielt hier keine Rolle/ die schwamm nach Föhr der Ruhe wegen/ im Priel vor Wyk hat sie gelegen ...« – Welches Ende wird die Geschichte des platten Fischs wohl nehmen? Gäste im Landhaus Sternhagen erfahren es an bestimmten Abenden.

Mittwochs um 19 Uhr gibt es dort einen Menüabend mit Lesung. Zwischen den Gängen serviert Jörn Sternhagen, Koch und Poet aus Leidenschaft, seine Gerichtgedichte und andere Wortspezialitäten. Es sind unterhaltsame lyrische Häppchen oder auch Geschichten, manches zergeht gleich auf der Zunge, anderes treibt Lachtränen in die Augen. Auch die eine oder andere Inselanekdote ist mit dabei und man erfährt etwa, welchem Typus Frau Sylt, Amrum und Föhr entsprechen. Dazu setzt sich Sternhagen an einem Tisch mit dazu, blättert in seinen Werken und liest vor oder erzählt einfach drauflos. Thema seiner Texte ist natürlich vor allem der kulinarische Genuss, gern bezogen auf Föhr, wohl eine weitere große Liebe, denn für ihn ist die Insel »wie eine Frau zum Heiraten«.

▶ Jörn Sternhagens Buch »Gerichtgedichte« (120 Seiten, ISBN 978-3-938775-24-0) kann auch über die Webseite des Landhauses bestellt werden.

Sternhagens »erste aufrichtige und ehrliche Liebe« war die Liebe zum Essen. Dazu hätten auch seine Großmütter beigetragen, die ihn als Baby mit dem Aufschlagen von Zuckereiern ruhig stellen wollten. Den aufrechten Gang erlernte Klein-Jörn einen Küchenhocker vor sich herschiebend, »fest entschlossen, in Mutters Gewerbeküche nun höher liegende Flächen nach Nahrhaftem abzusuchen.« Heute bringt der gelernte Koch, Kellner und Hotelbetriebswirt feinste Inselküche auf den Tisch. Sternhagen und sein Team verstehen sich rundherum als Gastgeber und bieten im Landhaus auch kuschelige Hotelzimmer an. Seine Gerichtgedichte sind als Buch erschienen, mittlerweile in zweiter Auflage. Übrigens, den Namen der Ruhe suchenden Scholle erfährt man schließlich doch noch. So viel sei verraten: Er reimt sich auf Pfanne.

Sternhagens Landhaus · Buurnstrat 49 · 25938 Oevenum auf Föhr · Tel. 04681 59790 · www.sternhagens-landhaus.de · Gerichtgedichte Mi ab 19 Uhr (Änderungen möglich) · auch Hotelzimmer

20 Familienbleibe für echtes Miteinander

Bauernhöfe, die zu Hotels wurden, gibt es öfter mal. Sjirk und Anne Claire Loogman wollten es anders machen. Das Ehepaar aus den Niederlanden eröffnete 2014 auf der Insel Föhr ein Hoftel. Zwischen Feldern nahe dem Dörfchen Nieblum verwandelten sie einen Bauernhof in ein komfortables Familienparadies. Farbenfroh und stilvoll sind die Zimmer gestaltet, passend ausgestattet bis hin zu Babyfon, Wickelkissen und Badewannensitz. Die Tenne dient als Frühstücksraum und Wohnzimmer mit Kinderspielecken, Büchern und Spielen. Nur auf Fernseher wurde verzichtet, damit mehr Zeit bleibt für die wirklich schönen Dinge des Lebens

Hoftel Föhr · Nieblumweg 26 · 25938 Alkersum · Tel. 04681 746 12 80 · www.hoftel-foehr.de

21 Vierzig Sorten Pfannkuchen

Ihr märchenhafter Name verleitete Familie Prinzen zu einer besonderen Idee: Der Zauber der Märchen sollte sich im ganzen Haus und im großen Café-Garten entfalten. Leitfigur wurde der in vielen Geschichten auftauchende Frosch, der bekanntlich oftmals ein verzauberter Prinz ist. Ihm begegnet man überall im weinumrankten Prinzen-Hof, unter anderem auf einem mit Kopfhörern bestückten Sofa, das Märchen erzählt. Im zugehörigen Pfannkuchen-Haus wird die Eierspeise in mehr als 40 Variationen angeboten, von süß bis herzhaft oft nach alten Familienrezepten. Beim Blick in die offene Küche kann man den Kuchenbäckern am »Pfannkuchen-Karussell« zusehen, auf dem neun verschiedene Pfannkuchen gleichzeitig zubereitet werden können.

Das Pfannkuchen-Haus im Prinzen-Hof · Gmelinstraße 29 · Am Nordseekurpark · 25938 Wyk auf Föhr · Tel. 04681 765 · E-Mail: info@prinzen-hof.de · auch Ferienwohnungen

Familienfreundlich durchgestylt sind die Zimmer des Hoftels.
Im Prinzenhof könnte auch eine gute Fee diesen Wunsch erfüllt haben.

Ein Föhrer Bogen ist auch im Husumer Weihnachtshaus ausgestellt.

Der friesische Weihnachtsbaum

22

Inseln sind Welten für sich, das zeigt sich in Nordfriesland besonders an Weihnachten. Ganz andere Christbäumchen stehen dort in den Stuben. Anstelle von Tannen schmückt man traditionell einen Jöölboom, Föhrer Bogen oder Kenkenbaum. Während der Adventszeit erwarten einen dort noch mehr Überraschungen.

Der Brauch entwickelte sich zu Zeiten, in denen Tannenbäume auf den nahezu baumlosen Inseln und Halligen kaum zu bekommen waren. Kurzerhand kreierte man selbst etwas Ähnliches, nahm ein Holzgestell mit Seitenstreben, und fügte einen Bogen aus immergrünem Buchsbaum hinzu, setzte vier Kerzen darauf und schmückte es mit Figuren aus Salzteig. Ein echter friesischer Weihnachtsbaum trägt traditionell ein Segelschiff, eine Mühle, Tiere wie Pferd, Hund oder Hahn, oft auch Äpfel oder Nüsse. Den Sockel des Baumes bilden Adam und Eva. Die Inseldialekte brachten verschiedene Bezeichnungen hervor. Auf Sylt schmückt man einen Jöölboom (Julbaum). Auf den Nachbarinseln und Halligen sagt man Kenkenbuum, von »Kenken«, dem friesischen Ausdruck Christkind. Speziell auf Föhr leuchtet der Föhrer Bogen. Wer sich selbst einmal einen Julbaum basteln möchte, kann sich heute auch einfach die nötigen Holzteile für das Gestell und den Behang kaufen, etwa im Husumer Weihnachtshaus.

▶ **Im Dr.-Carl-Häberlin-Friesen-Museum ist ein echter Föhrer Bogen zu bewundern (www.friesen-museum.de).**

Nordfriesische Reiseziele sind zu Weihnachten aus gutem Grund oft ausgebucht. Viele Hotels und Pensionen bieten besondere Arrangements über die Festtage an und die Inseln verzaubern nun ganz besonders mit Weihnachtsmärkten zwischen reetgedeckten Kapitänshäusern, Festmeilen auf Promenaden und anderen Aktionen. Beim »lebendigen Adventskalender« auf Föhr laden Inselfamilien alle, die kommen mögen, zu sich nach Hause ein. An insgesamt 23 Adventsabenden erwartet die Gäste dort jeweils ein mit viel Liebe zum Detail gestaltetes Fenster beim gemeinsamen Singen und Naschen.

www.sylt.de · www.amrum.de · www.foehr.de · www.pellworm.de

23 Land unter im Kino auf Hooge

Wie grüne Tupfer verteilen sich die kleinen Marscheninseln im Wattenmeer. Hier spielt sich das Leben auf nur wenigen Quadratkilometern ab. Bei »Land unter« versinken sie in der Nordsee, bis nur noch die Siedlungshügel der Warften zu sehen sind. Auf Hooge ist das auch im Sturmflutkino zu erleben.

Das Kino hat 85 Plätze. Für eine Vorstellung aber genügt es schon, dass mindestens fünf Zuschauer kommen. Sie ist ständig möglich und dauert 15 Minuten. Anhand von Originalaufnahmen wird gezeigt, wie schwere Sturmfluten die Menschen und Tiere auf den Halligen bedrohen, sie zwingen, auf den Warften Schutz zu suchen. Welche Schäden entstehen, wie Ruhe einkehrt, wenn das Wasser wieder zurück in die Nordsee fließt.

Die Warften, künstlich aufgeschüttete Erdhügel, sind gerade einmal hoch genug, um bei einer Sturmflut trocken zu bleiben. Höhere Deiche gibt es nicht, nur einige niedrige Sommerdeiche. Bei »Land unter« sind von den Halligen nur noch die wenigen Häuser zu sehen und die Gleise der Halligbahn, die auf einem Damm verlegt wurden.

Die zehn Halligen des nordfriesischen Wattenmeeres gruppieren sich um die Insel Pellworm. Sie sind teils von dort und teils auch vom Südstrand der Insel Föhr aus zu sehen. Sieben von ihnen sind bewohnt, darunter Langeneß und Hooge, die beiden größten Halligen – klein sind sie trotzdem (12 und 6 km^2). Hier ist auch Kulturelles zu entdecken, etwa das Kapitän Tadsen-Museum und der Friesenpesel, eine historische Stube, auf Langeneß oder die Halligkirche (17. Jh.) auf Hooge. Einige der kleinen Halligen wie Norderoog oder Südfall dürfen nur mit Sondergenehmigung betreten werden, etwa bei geführten Wattwanderungen. Oland ist die älteste noch vorhandene Hallig des Wattenmeeres. Sie liegt nordöstlich von Langeneß, ist 117 Hektar groß und hat nur eine Warft mit rund 30 Bewohnern. »Hier wohnt niemand weiter als 100 Meter vom Friedhof entfernt« lautet ein alter Spruch. Der ist sehenswert mit seinem freistehenden Glockenstapel und der hübsch ausgestatteten Kirche.

www.sturmflutkino.de · www.hooge.de · www.langeness.de · **Nordsee-Tourismus-Service GmbH** · www.halligen.de

Bei Land unter versinken die kleinen Marscheninseln fast komplett im Meer.
Wie gut, dass es die Warften gibt.

Schon die Hamburger Hallig selbst ist einen Ausflug wert.
Wenn die Situation es erfordert, steht Erik Brack auch mal selbst am Tresen.

Halbinsel mit Traumschiff-Koch

24

In der einzigen Gaststätte auf der Hamburger Hallig schwingt ein Sterne-Koch die Löffel, der sich an festen Boden erst wieder gewöhnen musste. Erik Brack sorgte zuvor auf einem Kreuzfahrtschiff für Gaumenschmaus, bei dessen Kapitänsdinner schon Millionen vor dem Fernseher schmachteten.

Auf der Karte steht regionaltypische Küche mit vorzugsweise ökologischen Produkten. Pächter Erik Brack begann seine Karriere als Koch mit einer Ausbildung in Baden-Württemberg und arbeitete in erstklassigen Häusern in der Schweiz, am Bodensee und in Hessen. Als Chef de Cuisine im Husumer »Alten Gymnasium« erhielt er einen Michelin-Stern. Dann reiste er als Küchendirektor auf der MS Deutschland, bekannt als »Traumschiff« aus der gleichnamigen ZDF-Fernsehserie, dreimal um die Welt. Auf dem Luxusliner kochte er täglich für bis zu 480 Passagiere und mehr als 250 Besatzungsmitglieder.

Die Hamburger Hallig ist eine Halbinsel. Sie ragt zwischen Dagebüll und Nordstrand ins Wattenmeer und entstand nach der Burchardiflut (zweite Grote Mandränke) am 11./12. Oktober 1634. Bei der verheerenden Sturmflut wurde die schleswig-holsteinische Küste bis hinunter zur Elbmündung verwüstet. Zwar hatte man die Deiche nach der ersten Groten Mandränke am 16. Januar 1362 schon verbessert, doch sie brachen wieder, an Hunderten von Stellen. Rund 8 000 Menschen kamen damals in Nordfriesland ums Leben, die Dunkelziffer war vermutlich doppelt so hoch. Auch Zigtausende von Tieren verendeten in den Wassermassen. Von der Landschaft verschlang die Burchardiflut auch einiges. Die vorherige Insel Strand zerfiel dabei in drei Teile: Pellworm, die Halbinsel Nordstrand und die Hallig Nordstrandischmoor. Die zuvor noch existierenden Halligen Nübbel und Nieland versanken komplett im Meer. Infolge dieser Ereignisse ließen zwei Hamburger Kaufleute den damaligen Koog eindeichen – so kam die spätere Halbinsel zu ihrem Namen. Als der Deich im 17. Jahrhundert vernichtet wurde, bildete sich die Hamburger Hallig. Sie wurde ab 1860 durch einen Damm mit dem Festland verbunden.

www.hallig-krog.de

25 Fünf Schüler und rundherum das Meer

Eine der kleinsten Schulen der Welt befindet sich auf Nordstrandischmoor. Für den jeweiligen Lehrer oder die Lehrerin ist es eine Herausforderung Kinder in mehreren Klassenstufen gleichzeitig zu unterrichten, während draußen in jeder Richtung die Nordsee schäumt.

Die Schulwarft erhielt vor Jahrhunderten von einem Schulmeister den Namen Amalienwarft und so heißt sie noch heute. Auf dem kleinen Erdhügel befindet sich die Grund- und Hauptschule von Nordstrandischmoor mit dem Wohnhaus des Lehrers. Dieser ist zugleich auch Schulleiter, Schulsekretär und Hausmeister, wenn etwa mal eine Glühbirne ausgewechselt werden muss. Auf der kleinen Fläche einer Hallig verdichtet sich eben einiges, das gilt auch für die Schulklassen. Zeitweise übernahmen auch Lehrerinnen all diese Aufgaben. Im Jahr 2013 siedelte Jacqueline Martinovic vom Festland herüber und blieb bis zum Winter 2015. Von Anfang an unterrichtete sie die erste, zweite, dritte, siebte und neunte Klasse gemeinsam, insgesamt drei Schüler und zwei Schülerinnen. »Bei fünf Klassenstufen in einem Raum muss man sehr flexibel sein«, berichtete die Lehrerin nach ihrem Einstand gegenüber den Husumer Nachrichten. So war die Herausforderung auf Nordstrandischmoor trotz der wenigen Kinder um einiges höher als bei der Klasse mit 25 Kindern, die sie zuvor auf dem Festland unterrichtet hatte. Und doch überwog die Freude über die neue Stelle. »So eine Chance bekommt man nur einmal im Leben.« Arbeiten und Wohnen mitten im Meer. An hohen Feiertagen wird das Klassenzimmer zum Kirchenraum. Zu Weihnachten oder Ostern etwa kommt der Pastor von Nordstrand herüber, um für die 20 Angehörigen der Halliggemeinde einen Gottesdienst abzuhalten.
Schon die Anreise zur Hallig Nordstrandischmoor ist ein Abenteuer. Mit der Lore geht es mitten durch den Nationalpark Schleswig-Holsteinisches Wattenmeer. Eine Alternative bei Ebbe ist der Fußweg ab dem Beltringharderkoog, eine 3,5 Kilometer lange Wattwanderung.

www.nordstrandischmoor.de · erreichbar mit dem Ausflugsschiff MS Adler V ab Nordstrand · www.adler-schiffe.de · Tel. 04842 90 00 0 · oder mit der MS Nordfriesland ab Pellworm · www.faehre-pellworm.de · Tel. 04844 75 3

Schon die Anreise zur Hallig Nordstrandischmoor ist ein Abenteuer.
Auf der Amalienwarft lernen fünf Schüler aus fünf Klassen gemeinsam.

26 Arktischer Vogelzug hautnah

Riesige Schwärme von Ringelgänsen auf sattgrünen Halligwiesen, das Naturschauspiel des arktischen Vogelzuges hautnah – dieses Erlebnis möchte man vor Ort auch Besuchern ermöglichen. Seit 1998 werden daher im Frühjahr, meist von Mitte April bis Mitte Mai, die Ringelganstage in der Biosphäre Halligen veranstaltet. Dazu laden die Halliggemeinden, Naturschutzverbände und die NationalparkService GmbH Urlauber und Tagesgäste ein. Auf Hooge, Langeneß und dem Festland in Schlüttsiel gibt es bei zahlreichen Veranstaltungen Informationen rund um die Ringelgans, die Biosphäre Halligen und den Nationalpark Wattenmeer.

www.ringelganstage.de

27 Mit zwei PS durchs Watt

Man nehme einen ausrangierten Anhänger aus der Landwirtschaft, schraube für den Fahrer einen alten Bürostuhl fest an den Boden, dazu zwei Pferdestärken: fertig ist das perfekte Gefährt fürs Watt. Über eine klappbare Treppe gelangen die Fahrgäste hinauf. An einigen Orten der Nordseeküste starten nicht nur Wattwanderungen, sondern wer möchte, kann auch in solch eine Kutsche steigen, den sogenannten Wattkarren oder auch Wattwagen. Der Klassiker ist in Schleswig-Holstein die Fahrt von Nordstrand zur Hallig Südfall. Die seit 1959 unter Naturschutz stehende Hallig darf nur von geführten Gruppen betreten werden. Zuständig sind die Eheleute Erichsen. Als Nationalparkwarte sorgen sie hier auch für den Vogelschutz.

www.nordstrand.de › erleben › ausflugtipps · www.wattwagen-cux.de · vorher anmelden, die Plätze sind begrenzt

Die Ringelgans wird auf den Halligen groß gefeiert.
Ein Klassiker ist die Fahrt von Nordstrand zur Hallig Südfall.

Magda Matthiesen (1896–1976) wurde mit ihrem selbst gebauten Gefährt als »Kapitän Tante Magda« bekanr

Als die Post noch per Segellore kam

28

Noch heute dient die Lorenbahn, die Dagebüll auf dem Festland mit den Halligen Oland und Langeneß verbindet, bei Bedarf auch der Postbeförderung. Bevor sie motorisiert wurde, nutzte man einen Antrieb, der auf Booten sinnvoll ist, bei einem Schienenfahrzeug jedoch Kopfschütteln hervorruft.

Um den Bewohnern der Halligen Oland und Langeneß ihre Post zuzustellen, wurde zeitweise ein besonderes Verkehrsmittel eingesetzt: Eine Segellore ratterte, vom Wind angetrieben, auf einer Strecke von rund zehn Kilometern über die Gleise. Was das für den Briefträger bedeutete, geht unter anderem aus einem Forschungsbericht der Arbeitsgemeinschaft für Postgeschichte und Philatelie für Schleswig, Holstein, Lauenburg, Hamburg und Lübeck hervor.

Bereits seit 1869 sind die beiden Halligen über einen Damm mit dem Festland verbunden, der ab 1924 in einen etwas anders verlaufenden Steindamm mit Gleis umgebaut wurde. Drei Jahre später begann man zunächst für die Strecke nach Oland eine Segellore als Transportmittel zu nutzen, die zwei Jahre später auch bis zur Hallig Langeneß fuhr. Der Postbote konnte sich also, wenn er Glück hatte, einfach mit dem Winde treiben lassen. Das dürfte eher auf dem Rückweg zum Festland der Fall gewesen sein, meist kommt der Wind hier aus westlicher Richtung. Doch bei einer Flaute oder schlimmer noch, Gegenwind, wurde die Beförderung zum Kraftakt – ist doch das Kreuzen gegen den Wind, also die Zickzackfahrt wie bei einem Segelboot, mit einem Schienenfahrzeug nicht möglich. Auf der Lore hieß es dann die Segel streichen und das Gefährt mit voller Kraft zurückschieben.

Es verwundert kaum, dass die Segellore in den 1960er-Jahren durch die motorbetriebene Lorenbahn ersetzt wurde. Ganz so einfach ist auch deren Betrieb nicht. Die eingleisige Strecke hat nur eine Ausweichstelle zwischen Dagebüll und Oland. Bei Gegenverkehr muss einer also mehrere Kilometer rückwärtsfahren. Andere Inselchen haben gar keine Lorenbahn. Hallig Süderoog etwa wird von Deutschlands einzigem Wattwanderpostboten versorgt.

Tipp: Hallig Oland ist heute mit Ausflugsschiffen zu erreichen. Es gibt auch Ferienunterkünfte, die Gäste werden auch schon mal mit der Lore abgeholt.
www.langeness.de

29 Smart grid mitten im Wattenmeer

Was die Insel Pellworm heute so besonders macht, ist weniger das Traditionelle wie ihr rot-weißer Leuchtturm und die Reetdachhäuser. So etwas sieht man auch woanders. Doch Pellworm hat noch etwas Zukunftsweisendes, was die Schwesterinseln nicht haben.

Hier ermöglicht es das erste intelligente Stromnetz (englisch: »smart grid«) Norddeutschlands, erneuerbare Energie dort zu nutzen, wo sie erzeugt wird. Ein Hybridkraftwerk samt Windkraftanlage und Photovoltaikfeld produziert gemeinsam mit weiteren Erzeugungsanlagen mehr Strom, als die rund 1.100 Einwohner der Insel benötigen. Seit September 2013 ist Pellworm eine Modellregion für die Energiewende. Die lokale Speicherung von regenerativ erzeugtem Strom und der Betrieb des intelligenten Netzes werden hier erprobt und weiterentwickelt. Dabei kooperiert die Schleswig-Holstein Netz AG unter anderem mit dem E.ON Forschungsverbund. Damit die Überschüsse vor Ort genutzt werden können, haben die Projektpartner umfangreiche Speichertechnologien entwickelt. So soll die überschüssige Energie, die bei Starkwind und Sonne erzeugt wird, in leistungsfähige Batterien, Heizungen oder Elektroautos fließen. Ist hingegen kaum Wind oder Sonne vorhanden, liefern die Batterien den Strom für die Inselbewohner. Ziel des Projektes »SmartRegion Pellworm« ist es, gleich mehrere Herausforderungen der Energiewende zu bewältigen. Es wurde 2014 zum Publikumssieger der Initiative »Deutschland – Land der Ideen« gewählt. So versorgt sich Pellworm, die Insel mit saftigen Marschlandschaften, Weiden, Wiesen und grünen Stränden, selbst mit Energie.

▶ **Auf www.smartregion-pellworm.de kann jeder live verfolgen, was gerade im Energiesystem auf Pellworm passiert und wie zuverlässig die Energieproduzenten Sonne und Wind sind.**

Inzwischen wurde auch ein Besucherzentrum mit SolarCafé eröffnet. Es informiert anschaulich über die Energiewelt der Zukunft auf Pellworm.

Besucherzentrum mit SolarCafé · In de See 1a, beim Solarfeld · 25849 Pellworm · www.smartregion-pellworm.de · www.solarcafe-pellworm.de · www.pellworm.de

Bei der Ankunft präsentiert sich Pellworm noch unscheinbar.

Im Frühsommer blüht Pellworm regelrecht auf.
Dies wird auch in traditioneller Tracht gefeiert.

Der perfekte Urlaubsbegleiter

Mehr Einblicke

Vertiefungskapitel geben nützliche Informationen zu Land und Leuten.

Einfach gut

Wohlfühladressen vermitteln ein authentisches Flair.

Neues Layout

Mehr Raum für Bilder, ein inspirierendes Inhaltsverzeichnis und ein luftiges Design sorgen für den optimalen Überblick.

NEU: Faltkarte zum Herausnehmen

Aktuell, exakt und klar aufgebaut: Die neue, benutzerfreundliche Faltkarte für die optimale Orientierung.

Je Titel 288 Seiten, über 400 Fotos + Faltkarte für nur € (D/A) 15,99* · sFr. 21,5

Alle

30

Zu Gast in Pellwormer Gärten

Jedes Jahr im Frühsommer zeigt sich die grüne Insel besonders farbenfroh. In ihren Gärten erblühen und duften etliche Rosen in allen Farben. Besucher können es hautnah erleben. Begleitet wird das Ereignis von Feierlichkeiten und der Züchtung der Pellwormer Rose des Jahres.

Die Königin der Blumen findet hier optimale Bodenbedingungen vor und gedeiht daher prächtig. Das wird im Juni gefeiert. Bei den Pellwormer Rosentagen öffnen die einheimischen Gartenliebhaber ihre Pforten und zeigen den Besuchern ihre Schätze. Zum sechstägigen Programm gehören auch ein Rosenmarkt, geführte Radtouren, Trachtentänze und andere Überraschungen. Obendrein wird jedes Jahr eine besondere Rose für die Rosentage gezüchtet. Im Jahr 2012 etwa hieß die Sorte »Pellwormer Sonnenuntergang«, eine dunkelorange blühende Strauchrose mit einem kräftig würzigen Duft. 2015 duftete die »Pellwormer Impression« und 2016 der »Pellwormer Bernstein«.

Ansonsten ist Pellworm in fast jeder Hinsicht eine grüne Insel. Die Landwirtschaft mit Ackerbau und Viehzucht ist hier der traditionelle Wirtschaftszweig. Rund 70 Prozent des fruchtbaren Marschbodens werden als Weideland genutzt, die verbleibenden 30 Prozent sind Anbauflächen für Winterweizen, Raps, Silomais, Gerste, Hafer und Flachs. Auf Pellworm sind immer irgendwie Schafe, Kühe, Hühner oder andere Tiere im Bild, die man bei Bauernhof-Ferien, die einige Familien anbieten, hautnah erleben kann.

Trotzdem ist es genauso eine Insel für Badeurlaub, nur mit dem kleinen Unterschied, dass auf Pellworm auch die Strände grün sind. Inzwischen gibt es auch einen Sandstrand, er wurde am Südstrand beim Leuchtturm angelegt. Sogar Strandkörbe stehen bereit. Es handelt sich dabei um einen Trockenstrand, also einen Strand innerhalb des Deiches ohne direkten Zugang zum Wasser. Zum Burgenbauen und Buddeln oder um einfach mal Sand unter den Füßen zu spüren, ist er eine echte Bereicherung. Pellworm ist eben immer wieder für eine Überraschung gut.

www.pellworm.de

31 Wenn sich Dachdecker auf Schilf spezialisieren

Wer nach Nordfriesland kommt, erwartet einige Dinge: Leuchttürme, Deiche, Schafe, Möwen, das Wattenmeer sowieso – und natürlich Reetdächer. Am liebsten sollte auch das Feriendomizil solch eine heimelige Haube haben. Bei den Bauernhäusern selbst gibt es einige Unterschiede.

Silvester auf Sylt zu feiern, ist genau das Richtige für alle, die donnernden Böllern und zischenden Raketen entfliehen möchten. Dafür sorgt ein inselweites Verbot – abgesehen von wenigen Ausnahmen wie dem Feuerwerk im Hafen von Hörnum. Sind die Sylter etwa Spaßmuffel? Keineswegs, feiern sie doch gern und ihre Gäste genauso. Die Insel hat schlichtweg besonders viele Reetdachhäuser auf kleinem Raum, zusammen mit dem Nordseewind ein zu hohes Risiko für die leicht entzündlichen Dächer.

▶ Manche Friesenhäuser sind heute schöne Heimatmuseen, etwa das Altfriesische Haus auf Sylt oder das Öömrang Hüs auf Amrum.

Umso mehr erfreut dafür der Anblick der Sylter Dörfer. In Kampen werden die Häuser ausschließlich mit dem schmucken Schilfmaterial gedeckt und in den Nachbarorten Keitum und Wenningstedt prägt die traditionelle Dachdeckerkunst ganze Straßenzüge. Ähnlich sieht es auf den Nachbarinseln, den Halligen, dem nordfriesischen Festland und in Ostfriesland aus. Das Reetdach ist sozusagen ein Synonym für historische Friesenhäuser. Die Gebäudetypen indes variieren. Es gibt drei Grundformen dieser Bauernhäuser: das jütische quergeteilte Geesthardenhaus, das Niederdeutsche Hallenhaus und das Gulfhaus mit einer besonderen Variante, dem Haubarg. Letzteres ist ein besonders großes Bauernhaus, in dem Mensch und Vieh traditionell unter einem Dach lebten. Es ist ausschließlich auf der Halbinsel Eiderstedt zu finden (siehe Kapitel 43). Reet bezeichnet das an Ufern oder in sumpfigem Gelände wachsende und getrocknete Schilfrohr. Die Reet- oder auch Rohrdachdeckerei ist heute ein eigener Geschäftszweig im norddeutschen Raum und ein ganz besonderes Handwerk.

Altfriesisches Haus · Am Kliff 13 · 25980 Sylt · Tel. 04651 31 10 1 · www.insel-sylt.de ·
Öömrang Hüs · Waaswai 1 · 25946 Nebel · Tel. 04682 21 18 · www.oeoemrang-hues.de

Die traditionelle Reetdachdeckerei ist heute ein eigener Geschäftszweig im Handwerk.

Dieses schöne reetgedeckte Friesenhaus steht in St. Peter Ording.

Ein Stück dieser Friesentorte dürfte gleich in einem Genießermagen landen.

Friesische Kalorienbombe

32

Die Frühjahrsdiät mit einem Inselurlaub zu verbinden, erweist sich in Nordfriesland als Herausforderung. Überall begegnet man der Friesentorte und wer ihr widerstehen kann, muss übernatürliche Kräfte besitzen. Mehrere Konditoren verstehen sich hier traditionell auf das Schichtwerk mit Pflaumenmus.

Das Rezept scheint simpel: eine Lage Blätterteig, mit Butter gebacken, eine Schicht Pflaumenmus (am besten selbst gemacht), dann eine Schicht fette, steif geschlagene Sahne. Das wiederholt sich in weiteren Schichten und fertig ist eine Kalorienbombe, der schon viele wohlig seufzend erlegen sind. Allerdings kann da noch das eine oder andere für unvergleichbaren Geschmack sorgen. Natürlich verraten die Konditoren ihre Geheimnisse nicht. Im Café Schult in Norddorf wird die Friesentorte nach alten Familienrezepten gebacken und das täglich seit mindestens 120 Jahren. Es heißt, ein Konditor namens Karl-Heinz habe sie erfunden. Fest steht für die Einheimischen: Die Friesentorte kommt von der Insel Amrum.

▶ **Eine köstliche Friesentorte bekommt man in vielen Cafés und Konditoreien, die sie auch zum Mitnehmen anbieten – probieren lohnt sich!**

Als eine der besten Adressen für Friesentorte auf Sylt gilt das Café Lund. Die Bäckerei Lund wurde 1940 von Christine und Willy Lund in einer kleinen Baracke gegründet. In den 1950er-Jahren kam eine Cafèstube hinzu, dann erweitert durch einen Anbau mit Garten und schließlich ein Restaurant. Eine Lund-Spezialität ist heute auch die »Sölring Iskreem«, hausgemachtes Eis mit nordischem Einschlag.

Wie im Wohnzimmer, samt Bollerofen und urigen Möbeln, kann man Friesentorte im Café Anticus auf der Insel Pellworm schlemmen. Sie ist ständig im Sortiment, während die anderen, genauso mit viel Liebe gebackenen Torten variieren. Auch auf Föhr gibt es einige Gelegenheiten, etwa im Café Kohstall. Dort bekommt man auch eine andere friesische Spezialität, die gern mal mit einem Augenzwinkern gebacken wird – die Wattwurmtorte.

Bäckerei Schult · Norddorf/Amrum · www.cafe-schult.de · **Friesen-Café** Nebel/Amrum · www.friesen-cafe.de · **Lund Café** · Hörnum/Sylt · www.lund-sylt.de · **Café Anticus** · Pellworm · www.cafe-pellworm.de · **Café Kohstall** · Nieblum/Föhr · www.inseldoerfer.de

33 Beseelte Formen, friesische Miniaturen

Niebüll ist für viele schlicht die Abfertigungsstation für den Autozug nach Sylt. Sie übersehen, was der Luftkurort an Kulturellem zu bieten hat. So zeigen das Richard Haizmann Museum und das Friesische Museum Werke bedeutender Künstler, die der Region verbunden waren.

Getrieben von »einer Art inneren Feuers« beschloss Richard Haizmann 1924, Künstler zu werden. Er war damals 29 Jahre alt, tief religiös im badischen Villingen aufgewachsen und nach Hamburg gekommen. Dort war Max Sauerlandt, Direktor des Museums für Kunst und Gewerbe (MKG), begeistert von seinen ersten Zeichnungen. Er sah in ihnen Wesen einer frühen Kultur, die noch ganz mit Gott verbunden war. Geheimnisvoll, aber nah und fern zugleich. »Nie habe ich so etwas gesehen. Da müssen Sie aber weitermachen«, ermunterte er Haizmann. Dessen Zeichnungen wurden abstrakter, bald schuf er auch Skulpturen. Stets war er »auf der Suche nach der Seele in der Form«. Als die Nationalsozialisten Haizmann den »entarteten Künstlern« zuordneten, zog er sich 1934 ins nordfriesische Niebüll zurück und verstarb dort 1963. Seinen Nachlass pflegt das nach ihm benannte Museum im ehemaligen Rathaus. Es präsentiert eine Auswahl seiner Werke und in Sonderausstellungen Kunst des 20. Jahrhunderts sowie Kunst mit besonderen Bezügen zur Moderne.

Nur wenige Straßen weiter haben andere Kunstformen einen würdigen Raum gefunden. Im Friesischen Museum in Niebüll hängen Miniaturen und Gemälde von Künstlern, die das Brauchtum prägte, insbesondere die Porträt-Miniaturisten Paul Ipsen (1746–1810) und Hans Peter Feddersen d. Ä. (1788–1860). Letzterer soll quasi jede politisch, wirtschaftlich oder kulturell bedeutsame Person des damaligen Landes porträtiert haben, rund 6000 Miniaturen umfasst sein Werk. Das Museum zeigt auch Gemälde von Carl Ludwig Jessen, geboren und verstorben in Niebüll (1833–1917), dem wohl bekanntesten Volksleben-Maler Norddeutschlands. Obendrein veranschaulicht die Ausstellung, wie die Friesen vor der Industrialisierung lebten.

Richard Haizmann Museum · Rathausplatz 2 · 25899 Niebüll · Tel. 04661 1010 · www.haizmann-museum.de · **Friesisches Museum** · Osterweg 76 · 25899 Niebüll/ Ortsteil Deezbüll · Tel. 0175 41 46 185 · www.friesisches-museum.de

Richard Haizmann lebte in Niebüll, ein Museum zeigt seine Werke.

34 Ungewöhnliche Himmelsgebilde

An manchen Tagen ziehen besondere Wolken über der Nordseeküste auf. Sie sind dunkel und geräuschvoll, doch niemals wird es aus ihnen regnen. Am Gotteskoogsee bei Niebüll spricht man vielmehr von der »Schwarzen Sonne«. Das Naturspektakel ist so spektakulär, dass es zum Volksfest wurde.

Tausende von Küstenseeschwalben, Ringelgänsen, Pfuhlschnepfen und anderen Zugvögeln nutzen das Wattenmeer als Rastplatz auf dem Weg in ihre Winterquartiere und auf der Rückreise. Auch brüten hier seltene Vogelarten wie Sandregenpfeifer, Löffler und Rohrweihe. So gibt es an der Nordseeküste etliche Vogelbeobachtungsplätze. Ein Hotspot im äußersten Norden ist der Gotteskoogsee bei Niebüll. Hier ist im Frühjahr und Herbst ein besonderes Schauspiel zu beobachten. »Schwarze Sonne«

Naturschauspiele wie dieses bieten sich an vielen Plätzen der Nordseeküste.

(dänisch: Sort Sol) heißt der Tanz, den Zehntausende von Staren am Himmel vollführen. Zu dem Naturspektakel, das schon Volksfestcharakter hat, kommen auch viele Gäste aus dem benachbarten Dänemark. Das Süßwasserbiotop am Gotteskoogsee ist heute ein bedeutendes Vogelschutzgebiet, über dem auch der Seeadler gern mal seine Kreise zieht, und an lauen Frühsommerabenden der markante Ruf der Großen Rohrdommel zu hören ist. Es entstand ab 1982 durch eine Renaturierungsmaßnahme. Durch einen Teil des Seegebiets geleitet ein Wanderweg und eine Info-Hütte steht für Auskünfte zur Verfügung. Das Naturkundemuseum Niebüll veranstaltet Führungen durch das Biotop, besonders im Frühjahr und Herbst, wenn die Stare kommen.

▶ Auch das Naturkundemuseum Niebüll lohnt den Besuch mit seiner modernen Erlebnisausstellung. Hier informiert auch die Nationalpark-Station über das Wattenmeer.

An der Festlandsküste Schleswig-Holsteins sowie auf den Inseln und Halligen gibt es noch viele weitere Plätze, oft mit Beobachtungstürmen und Hütten ausgestattet, an denen es sich lohnt, das Fernglas auszupacken.

Naturkundemuseum Niebüll · Hauptstraße 108 · 25899 Niebüll · Tel. 04661 56 91 · www.nkm-niebuell.de · Führungen, Dauer: ca. 2,5 Stunden + Weg: ca. 2,5 km

35

Im Wohnhaus des Expressionisten

Kraftvolle, glühende Farben. Eine Gemäldehängung von einer Wucht wie seine Werke. Der Garten, ein erblühendes Kunstwerk. Die Einheit von Kunst und Leben, die Emil Nolde erstrebte, wird in Seebüll bewahrt. Sie offenbart sich auch in der sich jährlich ändernden Ausstellung immer wieder neu.

Emil Nolde hatte schon viele Reisen unternommen. Besonders verbunden aber fühlte er sich der flachen, weiten Landschaft seiner Heimat Nordfriesland, »wo ein Pfahl, in einfacher Fläche stehend, ein Monument wird«. Dort ließ er in Seebüll, nahe der deutsch-dänischen Grenze, 1927 ein selbst entworfenes Wohngebäude mit Atelier errichten. Es steht auf einer Warft im Marschgebiet und ist von einem prächtigen Blumengarten umgeben. Darin bilden die Wege die Buchstaben E und A, die Initialen von Nolde und seiner ersten Ehefrau Ada. Heute ist das Anwesen Sitz der »Stiftung Seebüll Ada und Emil Nolde«. Der Garten, der im Sinne von Emil Nolde weitergeführt wird, ist genauso zu besichtigen wie das eindrucksvoll gestaltete Wohnhaus. In dessen Räumen leuchten die Wände in einer Farbigkeit, die das intensive Kolorit von Noldes Kunstwerken aufgreift. Einige Möbelstücke sind nach seinen Entwürfen ausgeführt; Textilien webte Ada nach Zeichnungen ihres Mannes. Wie ein Gast fühlt man sich auch im Atelier des Künstlers. Gezeigt wird dort dauerhaft Noldes Hauptwerk, der neunteilige Zyklus »Das Leben Christi« (1911/12). Mittelpunkt der jährlich wechselnden Ausstellung ist der Bildersaal im Obergeschoss. Hier empfing Nolde, umgeben von seinen Werken, Freunde und Gäste. Ungewöhnlich mutet die dichte, doppelreihige Hängung der Ölgemälde an. Sie entspricht der individuellen Werkpräsentation des Künstlers. Es drängte ihn, mit voller Wirkung einer allzu zarten Ästhetik zu begegnen. Zum Museum gehören auch ein modernes Besucherforum mit Malschule und einer Ausstellung zum Leben Noldes sowie ein Café. Emil Nolde wurde 1867 als Sohn eines Bauern im Dorf Nolde nahe Tondern geboren. Als Künstler prägte er maßgeblich den Expressionismus im frühen 20. Jahrhundert.

Stiftung Seebüll Ada und Emil Nolde · 01. März– 30. Nov. Mo–So und an Feiertagen 10–18 Uhr · Seebüll 31 · 25927 Neukirchen · Tel. 04664 98 39 30 · www.nolde-stiftung.de

Schon der Garten des Nolde-Anwesens ist ein Kunstwerk.
Ungewöhnlich mutet die dichte, doppelreihige Hängung der Ölgemälde an.

Storm ahnte vermutlich nicht, wie bunt es im Hafen einmal zugehen würde.
In seinem ehemaligen Wohnhaus hingegen ist vieles noch wie früher.

36

Die gar nicht so »graue Stadt am Meer«

Welcher Zauber der rauen Nordseeküste innewohnt, brachte der berühmteste Husumer im Jahr 1851 zu Papier. Theodor Storm widmete seiner Stadt ein Gedicht. Vor Ort kann man seinen Spuren auf verschiedene Weise folgen und auch sein ehemaliges Wohnhaus besuchen.

»Am grauen Strand, am grauen Meer/ Und seitab liegt die Stadt;/ Der Nebel drückt die Dächer schwer,/ Und durch die Stille braust das Meer/ Eintönig um die Stadt«, lautet die erste Strophe des Gedichts. Die zweite verkündet, dass weder Waldesrauschen noch frühlingshafter Vogelgesang die Gegend beglücken. Allein der harte Schrei der Wandergans durchbricht dort die Monotonie herbstlicher Nächte. Die Leidenschaft des Poeten für seine Heimatstadt war ungebrochen: »Doch hängt mein ganzes Herz an dir,/ Du graue Stadt am Meer;/ Der Jugend Zauber für und für/ Ruht lächelnd doch auf dir, auf dir,/ Du graue Stadt am Meer«. Mit diesen Worten schließt das Gedicht.

Die ganz und gar nicht graue Stadt ist heute eine friesische Kulturmetropole mit rund 23 000 Einwohnern. Das Schloss vor Husum und das Schifffahrtsmuseum Nordfriesland zählen zu den Sehenswürdigkeiten. Auch das ehemalige Wohnhaus des Schriftstellers ist zu besichtigen: Das Storm-Haus beherbergt eine Ausstellung. Sie zeigt unter anderem das ehemalige Arbeitszimmer und den Schreibtisch, an dem Storm seine berühmteste Novelle »Der Schimmelreiter« vollendete. Viele von den Räumen und Teile der Ausstattung des alten Husumer Kaufmannshauses sind noch erhalten. Das für das Museum zuständige Theodor-Storm-Zentrum bietet für Besucher verschiedene Führungen an. Über die Tourist Information ist ein Stadtrundgang »Auf den Spuren Storms« buchbar sowie eine halbtägige Exkursion durch das Nordfriesland Theodor Storms. Die Worte des Gedichts »Die Stadt« schlängeln sich, eingebrannt in rote Ziegel, um den Binnenhafen. Sie verbinden die Stationen der »Historischen Spiellinie«, ein Kulturerlebnispfad für junge Besucher.

Theodor-Storm-Gesellschaft · Wasserreihe 31–35 · 25813 Husum · Tel. 04841 80 38 63 0 · www.storm-gesellschaft.de · **Tourismus und Stadtmarketing Husum GmbH** · Großstraße 27 · 25813 Husum · Tel. 04841 89 87 0

37 Violetter Naturteppich mit Seltenheitswert

Das Schloss vor Husum steht heute mitten in der Stadt und ist immer sehenswert. Ganz besonders aber im Frühjahr, denn dann können Besucher zugleich ein Naturschauspiel mitfeiern. Das Bauwerk selbst und sein Innenleben sollte man dabei nicht übersehen. Auch Storm hinterließ hier ein Erbe.

Mehr als vier Millionen Krokusse erblühen ab März im Schlosspark, in einem Ausmaß, das als einmalig gilt. Sie bedecken eine Fläche von rund 50 000 Quadratmetern und werden der wild wachsenden Art Crocus napolitanus zugeordnet. Zur Husumer Krokusblüte wird jährlich die Krokusblütenkönigin gekrönt. Dazu gibt es ein großes Fest mit Kunsthandwerkermarkt im Schlosshof, Blumen- und Pflanzenmarkt, kulinarischen Genüssen und buntem Rahmenprogramm. Vorgezogene Krokusse werden für einen guten Zweck verkauft und es gibt Stadtführungen mit der neuen Krokusblütenkönigin, die eine Krokusblütentorte anschneidet. Weitere Höhepunkte des Programms sind ein Nachtwächterrundgang durch das nächtliche Blütenmeer und ein Abschlusskonzert.

▶ In die fantastische Welt der Marionetten, Handpuppen, Schatten- und Tischfiguren entführen alljährlich die Pole-Poppenspäler-Tage in Husum sowie das Poppenspäler Museum im Schloss vor Husum: www.pole-poppenspaeler.de

Das Schloss vor Husum wurde im späten 16. Jahrhundert auf einem Gebiet errichtet, das damals noch nicht zur Stadt Husum gehörte. In dem Gebäude mit hohen Giebeln und Türmen, vom Schlosspark umgeben, sind die ehemaligen Staatsräume zu besichtigen. Dazu gehören ein Rittersaal, verschiedene Empfangsräume und das Treppenhaus. Auch die Schlosskapelle steht Besuchern offen. In Sonderausstellungen wird zeitgenössische Kunst präsentiert, vor allem aus Schleswig-Holstein. Das Schloss beherbergt außerdem ein Theaterfiguren-Museum, benannt nach der Hauptfigur in Theodor Storms Novelle »Pole Poppenspäler«. In seinen Räumen ist eine Ausstellung rund um das Puppenspiel zu bewundern.

Krokusblütenfest Husum · Schloss vor Husum, Schlosspark und Innenstadt · 25813 Husum · Tel. 04841 89870 · www.husum-tourismus.de

Ein Blütenwunder, das zum Feiern verleitet.
Auch ein Marionettentheater aus Burma präsentierte in Husum seine wertvollen Figuren.

Dora Fuchs verkörperte wie wohl keine andere das Bild einer Fischersfrau.

Wo Tine immer nach Westen schaut

38

Adolf Brütt hatte bereits 1898 die Storm-Büste im Husumer Schlosspark geschaffen. Dann ließ er sich in seiner Heimatstadt für Motive einer Brunnenskulptur inspirieren. Er lernte ein junges Mädchen kennen und bat es, ihm Modell zu stehen. So kam Husum zu einer »Stadtgöttin« in zunächst verpönten Holzschuhen.

Die junge Husumerin hieß Dora Fuchs (1878–1966) und arbeitete seinerzeit in einem Hotel in der Großstraße. Auf die Frage, warum der Bildhauer ausgerechnet sie ausgewählt habe, soll die damals 23-Jährige später geantwortet haben: »Weet ick ok nie, aber ick har damals je woll en gude Figur.« Eine gute Figur macht sie als »Tine« nun schon seit mehr als hundert Jahren auf Husums Marktbrunnen. Dieser wurde 1902 eingeweiht und heißt eigentlich Asmussen-Woldsen-Brunnen – zu Ehren der beiden Stifter, Friedrich Woldsen und Anna Catharina »Tine« Asmussen. In der Standfigur sah man ein Abbild der Wohltäterin, weshalb sich der volkstümliche Name »Tine-Brunnen« durchsetzte. Historischen Quellen zufolge ist dies jedoch unzutreffend.

Vielmehr zeigt die Statue jenes unbekannte Fischermädchen alias Dora Fuchs. Sie trägt schwere holländische Holzpantinen, derbe Kleidung und in der rechten Hand ein Ruder. Ihr offener Blick ist nach Westen, also in Richtung Hafen und Nordsee gerichtet. So steht die Brunnenfigur für eine Zeit der Blüte in der Hafenstadt, als Handel und Schifffahrt Wohlstand brachten. Die Holzschuhe indes sorgten beim Denkmalskomitee für ein Naserümpfen. Diese seien regional untypisch und machten einen ärmlichen Eindruck. Man wollte den Entwurf ändern, die junge Frau sollte bitte in (anständigen) Schuhen dargestellt werden. Dies wusste Adolf Brütt in einem Brief* an Bürgermeister Adolf Menge zu entkräften. Er schrieb, »daß man niemals in einem hübschen, jungen und gesunden Weib, es mag anhaben was es will, und wenn es Lumpen sind, die Armut erblickt, sondern den besten Reichtum, der auf der Welt zu haben ist«.

▶ *** Brief an Adolf Menge, 13. August 1902, Stadtarchiv Husum, Neuere Magistratsakte, Akte Nr. XIV 33 Asmussen-Woldsen-Denkmal.**

Tourismus und Stadtmarketing Husum GmbH · Großstraße 27 · 25813 Husum · Tel. 04841 89870

39 Weihnachten, auch im August

Besonders schön ist es zur Adventszeit, wenn sich der Besuch mit einem Bummel über den festlich geschmückten Markt verbinden lässt. Doch auch im Sommer verzaubert das Museum samt historischem Kaufmannsladen, in dem es nur so funkelt und Kinderträume wahr werden.

Husum hat viele schöne Museen. Ein Kleinod ist dieses privat geführte in der Altstadt. Es widmet sich der Kulturgeschichte der Weihnachtszeit und des Weihnachtsfestes in Deutschland. Der zugehörige Museumsshop ist in einem historischen Laden aus dem 19. Jahrhundert untergebracht. Es ist eine der wohl umfangreichsten Sammlungen zu diesem Thema. Bei einem Besuch lässt sich nachvollziehen, wie sich das christliche Fest von der Biedermeierzeit bis heute entwickelte. In einem Raum sind verschiedene historisch geschmückte Tannenbäume zu bewundern, einer wie aus Theodor Storms Zeiten. Ein weiteres Zimmer widmet sich der Herstellung von Weihnachtsbaumschmuck. Die uralten Traditionen des Erzgebirges vermitteln das »Pyramidenzimmer« und das »Engelzimmer«. Um die Geschichte der Adventskalender, beginnend mit den ersten Adventsuhren, geht es im Korridor des Erdgeschosses. Im oberen Stockwerk hat der Weihnachtsmann seine Werkstatt. Spielzeug aus rund 150 Jahren ist hier ausgestellt, Puppen, Teddybären, Eisenbahnen und vieles andere mehr.

▶ Im Herbst entführen die Husumer Filmtage in andere Welten, veranstaltet vom Kino-Center Husum (www.husumer-filmtage.de).

Der historische Laden von 1890, ausgestattet wie zu Uromas Zeiten, lädt zum Stöbern ein. Angeboten werden unter anderem seltener Weihnachtsschmuck, weihnachtliche Bücher und Antiquitäten. Außer der Dauerausstellung sind im Weihnachtshaus verschiedene Sonderausstellungen zu sehen, außerdem gibt es Aktionen wie den Adventskalendermarkt und den Marzipanmarkt. Im Dezember lässt sich der Museumsbesuch wunderbar mit einem Bummel über den Husumer Weihnachtsmarkt verbinden.

Weihnachtshaus Museum und historischer Laden · tägl. 11–17 Uhr (Mitte Jan. – Mitte Feb. geschlossen), Gruppen und Führungen auf Anfrage · Westerende 46 · 25813 Husum · Tel. 04841 66 85 90 8 · www.weihnachtshaus.info

Vor solch einer Krippe leuchteten einst die Kinderaugen.
Näher betrachtet konnten Christbäume ziemlich unterschiedlich aussehen.

Es sieht harmlos aus, doch unter der Sahnehaube versteckt sich Hochprozentiges.

Versteckte Sünden und Tote Tanten

40

Das Verlangen, sich trotz Anwesenheit eines Geistlichen »ein Schlückchen« zu genehmigen, soll das friesische Nationalgetränk hervorgebracht haben. Es geschah auf Nordstrand, so wird berichtet. Ominöser ist indes, wie das Pendant mit heißer Schokolade zu seinem makabren Namen kam.

Selbst beim härtesten Wetter ist es herrlich an der Nordseeküste, denn umso glücklicher macht die Einkehr bei einem dampfenden Getränk. Dazu hat man sich hier einiges einfallen lassen. Neben dem friesischen Tee sind es zwei hochprozentige Durchwärmer, die mit Rum zubereitet werden. Der »Pharisäer« gehört unbedingt auf die Karten traditioneller Lokale – besonders auf der Halbinsel Nordstrand, denn hier soll er erfunden worden sein. Anno 1873 waren zur Taufe des siebten Kindes von Bauer Peter Johannsen zahlreiche Gäste in der Gemeinde Elisabeth-Sophien-Koog erschienen. Unter dem mahnenden Blick von Pastor Gustav Bleyer traute sich niemand, zu Alkohol zu greifen. Doch der bereitstehende Rum wollte getrunken werden. Der Hausherr ersann einen Trick: Rasch einen Schuss in die Kaffeetassen geben und alles unter einer dicken Sahnehaube verstecken. Nur der Pastor bekam seinen Kaffee weiterhin pur gereicht, bis versehentlich eine Tasse mit Rum in seine Hände geriet. Sofort schmeckte er den Schnaps heraus und rief empört: »Nun weiß ich aber Bescheid, oh, ihr Pharisäer!« So kam das Getränk zu seinem Namen. Eine Variante ist die »Tote Tante« mit heißer Schokolade statt Kaffee. Woher dieser Name stammt, verleitete schon zu den wildesten Spekulationen. So soll eine in Amerika verstorbene Föhringerin zerstückelt und in Kakaokisten auf die Nordseeinsel zurückgekehrt sein. Fest steht: Ein echter Pharisäer enthält 4 cl Rum. Das Amtsgericht Flensburg hat es in einem Urteil geklärt. Ein Wirt hatte 2 cl Rum für ausreichend gehalten, worüber man in der Rumstadt nur den Kopf schütteln konnte.

▶ **Mit ganz anderen Düften, auch im Sommer, verführt auf Nordstrand der Rosengarten am Deich (www.rosenfeines.de).**

Pharisäerhof · Elisabeth-Sophien-Koog 3 · 25845 Nordstrand · Tel. 04842 353 · www.pharisaeerhof.de

41 Nordfriesischer Mythos mit wahrem Kern

»Ein einziger Schrei – die Stadt ist versunken. / Und Hunderttausende sind ertrunken.« In seiner Ballade »Trutz, blanke Hans« (1882) beschreibt Detlev von Liliencron den Untergang Rungholts, der sich tatsächlich so ereignet haben könnte. Bei einem Besuch auf Nordstrand lebt der Mythos auf.

Im Mittelalter war Rungholt ein Handelsplatz für Waren aus Skandinavien, dem Orient und dem Mittelmeerraum. Hier im Wattenmeer wiederum gewann man Salz aus Torf. So brachte es der Ort zu Reichtum. Seine Bewohner aber wurden maßlos und gotteslästerlich in ihrem Übermut, so ist es überliefert. Die Strafe kam demnach »von oben«, als eine verheerende Sturmflut die Nordseeküste überschwemmte. Es war der 15. Januar 1362, der Tag des heiligen Marcellus, als die bereits vorhandenen Deiche brachen. Bis zu 100 000 Menschen sollen ertrunken sein, rund dreißig Ortschaften verschwanden unter Wasser. Die Sturmflut fraß ein Stück der Küstenlinie und prägte das heutige Bild der Landschaft. Seither liegt zuvor besiedeltes Gebiet auf dem Meeresgrund und unter dem Watt begraben. Zu den versunkenen Ortschaften zählt auch das sagenumwobene Rungholt. So ging die Marcellusflut als erste »Grote Mandränke« in die Geschichte ein. Denn die Katastrophe ereignete sich wirklich, während sich um das Drama von Rungholt etliche Geschichten ranken. Inzwischen gilt als gesichert, dass sie einen wahren Kern haben und es tatsächlich einen Ort namens Rungholt gab. Wissenschaftlichen Erkenntnissen zufolge hatte Rungholt mehrere Köge, die auf der Höhe der heutigen Hallig Südfall lagen. Archäologische Funde im Watt untermauern diese These. Bei Exkursionen zu den Fundstätten ins Watt und den alljährlichen Rungholttagen auf Nordstrand wird der Mythos lebendig. Zuständig ist die Rungholt Gesellschaft. Sie vergibt auch seit 2012 die Ehrung »Siegel von Rungholt«.

▶ **Mit dem Beltringharder Koog, der ehemaligen Nordstrander Bucht, entstand auf einer Fläche von 3 350 Hektar das größte Naturschutzgebiet Schleswig-Holsteins.**

Rungholt Gesellschaft · Westen 71 · 25845 Nordstrand · www.lust-auf-nordstrand.de
(auch Infos und Termine zu den Rungholttagen)

Wo heute die Nordsee unschuldig wirkt, ist die Katastrophe kaum noch zu erahnen.
Bei Exkursionen ins Watt wird der Mythos lebendig.

Ohne sie würde man Rasenmäher für die Deichpflege benötigen.

Üppig gefeierte Deichschweine

42

In Nordfriesland gibt es mehr Schafe als Menschen, heißt es. Das kommt tatsächlich beinahe hin: Rund 160 000 dieser Tiere wurden gezählt, bei 166 000 Einwohnern. Die grasenden Wollknäule prägen das Bild der Nordseeküste. Das wird jedes Jahr wochenlang groß gefeiert.

Das »Deichschwein« ist aus mehreren Gründen unentbehrlich, vor allem als Landschaftspfleger und Küstenschützer. Von Frühjahr bis Herbst hält es, unermüdlich kauend, das Gras auf den Deichen kurz und sorgt für eine natürliche Düngung. Den Marschboden schön fest tretend, stopft es auf diese Weise auch Löcher, die Maulwürfe oder Wühlmäuse verursachten. So trägt das Schaf zu Stabilität und Küstenschutz bei. Aus seiner wärmenden Wolle entstehen nachhaltige Produkte. Ausgefallen schöne und originelle Handarbeiten, sogar Maßgeschneidertes aus Schafswolle, werden mancherorts direkt verkauft oder auf friesischen Märkten. Genießer schwören auf die aus Schafsmilch und dem Fleisch der Tiere gewonnenen Spezialitäten. Schafskäsereien produzieren unter anderem den »Frischen Friesen« oder den länger reifenden »Roten Friesen«. Auch Produkte wie Salami, Leberwurst, Schinken oder Pastete vom Lamm sind in Hofläden oder Landschlachtereien erhältlich und stehen auf den Karten einschlägiger Restaurants. Dies gilt genauso für das friesische Salzwiesenlamm, eine besondere regionale Delikatesse, die vor allem im Frühsommer auf den Tisch kommt.

Gebührend gefeiert wird das inoffizielle Wappentier alljährlich bei den Nordfriesischen Lammtagen: Von Mai bis Juli dreht sich hinter vielen Deichen in Schleswig-Holstein alles um das Schaf – und dies nicht allein aus kulinarischen Gründen. Es gibt Veranstaltungen wie Lammfeste, Bauernmärkte und den Lämmerball, auf dem auch die jeweilige Lammkönigin gekrönt wird. Zu erleben sind auch Besuche von Wanderschäfern, Führungen durch Schafskäsereien, Vorführungen von Schafschuren oder Wollverarbeitung. Es sind seltene Schafrassen zu bewundern, besondere Spezialitäten zu kosten und vieles andere mehr.

Förderverein Nordfriesische Lammtage e.V. · Dörpstraat 61 · 25842 Bargum · Tel. 04672 77 63 31 8 · www.lammtage.de

43 Landleben unter einem Dach

Reetdach sieht man häufig an der Nordseeküste. Auf der Halbinsel Eiderstedt sind einige dieser Dächer besonders mächtig. Sie krönen die Haubargen, alte Bauernhäuser von imposanten Ausmaßen. Hier lebten Herrschaft, Geinde und Vieh unter einem Dach. Bei Witzwort gibt es ein schönes Beispiel dafür.

Haubarg bedeutet so viel wie »Heu bergen«. Die aus den Niederlanden stammende Bauform des Gulfhauses ist in Deutschland nur auf der Halbinsel Eiderstedt verbreitet. Westfriesische Zuwanderer brachten sie im späten 16. Jahrhundert mit. Noch bis ins späte 19. Jahrhundert waren solche Bauernhäuser mit insgesamt rund 450 Haubargen hier stark vertreten. Geblieben ist davon noch ungefähr ein Zehntel. Die meisten der noch knapp 50 Haubargen befinden sich in Privatbesitz und sind öffentlich nicht zugänglich. Eine Ausnahme ist der Rote Haubarg im Nordwesten der Halbinsel bei Witzwort. Er wurde 1647 errichtet und ist nicht, wie der Name nahe legt, rot angestrichen, sondern hat weiße Außenwände. Im Inneren befinden sich ein Restaurant und ein Museum (Eintritt frei), das über das Leben auf dem Haubarg informiert und Einblicke unter die gewaltige Dachkonstruktion gewährt. Es zeigt landwirtschaftliche Maschinen und Geräte aus den letzten Jahrhunderten. Modelle und Schautafeln zeigen den Aufbau dieser einzigartig konzipierten Höfe. Die Statue im Garten zeigt den Teufel und erinnert an eine Sage, die erklärt, warum die hundertste Fensterscheibe des Roten Haubargs noch immer fehlt (nachzulesen auf der Webseite). Im zugehörigen Restaurant kommt regional geprägte Küche auf den Tisch, etwa Angler-Sattelschwein, Galloway-Rind, Lamm aus Nordfriesland und je nach Jahreszeit Spargel, Grünkohl oder Wild. Ein weiterer Haubarg mit Angeboten für Besucher ist der Mars Skipper Hof in Kotzenbüll bei Tönning (siehe nächste Seite).

▶ **Geheimtipps sind die grünen Badestellen auf der Halbinsel Eiderstedt, etwa der Tetenbüllspieker (auch Evershop-Siel) am nördlichen Ufer mit kleinem Bootshafen und Restaurant.**

Roter Haubarg Restaurant, Café, Terrasse, Museum · Sand 5 · 25889 Witzwort · Tel. 04864 845 · www.roterhaubarg.de

Der Rote Haubarg ist gar nicht rot, doch eindrucksvoll anzusehen.
Im Haus entführt ein Museum in das Landleben von anno dazumal.

44 Die Vision von Hugo Kükelhaus

»Wie kann der Mensch in der zunehmend technisierten Welt weiterhin aktiv bleiben in der Nutzung seiner Organe?« Diese Fragestellung regte den Tischler, Künstler und Pädagogen Hugo Kükelhaus (1900–1984) dazu an, sogenannte Erfahrungsfeldstationen zu entwickeln. Er war damit seiner Zeit voraus, finden die Betreiber des Mars Skipper Hofs in Kotzenbüll. Es veranlasste sie, dieses Thema und den Menschen selbst zum Mittelpunkt ihrer Arbeit zu machen. In ihrem »Garten für die Sinne« finden sich Spielstationen zur Entfaltung des Hörens, Sehens, Riechens, Tastens und Schmeckens. Dazu gehören etwa Klangschalen, Steinpendel und Windharfen.

Mars Skipper Hof · barrierefrei · Gardinger Chaussee 3 · 25832 Kotzenbüll · Tel. 04861 61 74 80 · www.eingartenfuerdiesinne.de

45 Ökologische Einblicke bei 120 Schafen

Schafskäse gehört zu Nordfriesland wie das Wolle tragende Tier auf dem Deich. Familie Volquardsen aus Tetenbüll ließ diese Tradition wieder aufleben. Die Milch ihrer Schafherde wird in der »Schatzkammer« des Hofes verarbeitet: Im alten Gewölbekeller erhalten die verschiedenen Käsesorten ihren besonderen Charakter. Das Bundesverbraucherministerium ernannte die Friesische Schafskäserei zu einem »Demonstrationsbetrieb des ökologischen Landbaus«. Hier können sich Interessierte also direkt informieren und Einblicke gewinnen. So bieten Monika und Redlef Volquardsen Führungen über ihren Bioland-Hof an, zeigen wie Betriebskreislauf, Ökolandbau und Naturschutz funktionieren. Anschließend darf natürlich auch gekostet werden.

Friesische Schafskäserei · Kirchdeich 8 · 25882 Tetenbüll · Tel. 04862 34 8 · E-Mail: info@friesische-schafskaeserei.de · www.friesische-schafskaeserei.de

Der Mars Skipper Hof lädt dazu ein, die eigenen Sinne mehr wahrzunehmen.
Monika und Redlef Volquardsen zeigen Besuchern gern ihre große Herde und den Bioland-Hof.

In den hinteren Räumen von Haus Peters sind Küche und Stuben zu besichtigen, während man vorne einkaufen kann wie zu Uromas Zeiten.

Eine wohl unsterbliche Hökerei

46

Mitten in Tetenbüll verbirgt sich eine Zeitmaschine. Wer durch ihre Tür geht, landet unverzüglich in einem Kolonialwarenladen aus dem Jahr 1820. Noch immer kann man dort schöne und duftende Dinge einkaufen. Und noch mehr versteckt sich in dem historischen Backsteinhaus.

Das kleine Geschäft sieht heute noch fast genauso aus wie damals mit seinem Holztresen, Schublädchen, Regalen und Fässern. Heute können Besucher hier stilvolle Souvenirs und regionale Produkte kaufen, etwa Seifen und Tees, Porzellan und Lavendelsäckchen, hübsche Postkarten und andere Sachen. Fast unbemerkt gelangt der Kunde oder Besucher in das Museum, schon das Geschäft ist gewissermaßen Teil der Ausstellung mit seiner originalen Ladenausstattung samt Mobiliar aus der Biedermeierzeit. In den hinteren Räumen sind Küche und Stuben zu besichtigen. Alle Zimmer sind noch weitgehend mit dem gründerzeitlichen Mobiliar der ehemaligen Hausbesitzer ausgestattet. Weitere antike Schätze verbergen sich im Obergeschoss. Ausgestellt sind unter anderem historische Küchengeräte, aber auch eine Sammlung mit Eiderstedt-Fotografien (1904–1936) von Theodor Möller und historische Produkte zum Thema der Markengeschichte mit Verpackungen von anno dazumal. Außerdem werden wechselnde kunst- und kulturgeschichtliche Ausstellungen präsentiert. Hinter dem Haus lädt ein Bauerngarten zum Verweilen ein.

▶ **Drei Kilometer weiter befindet sich das Café »Alte Schule« in Warmhörn. Der Gastraum ist wie ein Museum mit Schulausstattung aus den 1940er und 1950er-Jahren gestaltet (www.cafealteschule.de).**

Haus Peters gilt als die älteste ländliche Hökerei in Schleswig-Holstein, die an ihrem Ursprungsort erhalten werden konnte. Die namensgebende Familie Peters lebte in dem bereits um 1760 erbauten Gebäude. Von etwa 1850 bis 1955 diente es als Wohntrakt eines ehemaligen Haubargs (siehe auch Kapitel 43). So ist es auch als kulturhistorisches Baudenkmal von Bedeutung und vermittelt Eindrücke vom dörflichen Leben im 18. und 19. Jahrhundert.

Haus Peters · Dörpstraat 16 · 25882 Tetenbüll · Tel. 04862 68 1 · www.hauspeters.info

47

Der Nobelpreisträger von Garding

Bei der Kirche von Garding steht ein Denkmal. Fast schon bescheiden wirkt die Büste, die den berühmtesten Kopf der Stadt zeigt. Dabei erhielt Theodor Mommsen im 19. Jahrhundert den Literatur-Nobelpreis. Als Student lebte er mit Theodor Storm in einer WG.

Das Denkmal ist ein Abbild Theodor Mommsens (1817–1903). Der Historiker und Professor für Rechtswissenschaften lehrte unter anderem in Leipzig und Berlin. Er gilt als einer der bedeutendsten Altertumswissenschaftler des 19. Jahrhunderts. Für seine bis heute als fundamental geltenden Publikationen zur römischen Geschichte und zum römischen Staatsrecht wurde Mommsen im Jahr 1902 als erster Deutscher mit dem Literatur-Nobelpreis ausgezeichnet.

Theodor Mommsen stammte aus eher ärmlichen Verhältnissen, doch er konnte nach einiger Zeit mit Privatunterricht das Christianeum in Altona besuchen. 1838 begann er ein Jurastudium an der Universität Kiel und promovierte dort auch in diesem Fach. Hier lernte er den später berühmten Dichter Theodor Storm kennen, der ebenfalls Rechtswissenschaft studierte. Die beiden teilten sich sogar zeitweise eine Wohnung und veröffentlichten 1843 »Das Liederbuch dreier Freunde«, eine Gedichtsammlung, an der auch Mommsens jüngerer Bruder Tycho beteiligt war. Noch mehr über das Leben und Wirken des Gelehrten erfährt man in dem Gebäude neben seinem Geburtshaus am Markt. Dort ist eine Gedenkstätte mit einer kleinen Ausstellung untergebracht.

▶ Die Gedenkstätte »Zeichen der Erinnerung« in der Otto-Unfried-Straße (Haltestelle Mittnachtstraße U12) thematisiert die Deportation jüdischer Mitbürger.

Garding mit seinen rund 2 500 Einwohnern ist so etwas wie die Hauptstadt der Halbinsel Eiderstedt. Im Zentrum dominiert die St. Christians-Kirche, sie entstand wohl bereits im 12. Jahrhundert. Der romanische Ursprungsbau wurde im 15. Jahrhundert im gotischen Stil überformt. Der Kirchturm, immer noch der höchste Punkt Eiderstedts, diente lange als Seezeichen.

Theodor-Mommsen-Gedächtnisstätte · Markt 5 · 25836 Garding · Tel. 04862 100310 · www.garding.de

Die Kirche von Garding fällt schon von Weitem auf,
doch viele übersehen die Büste des Nobelpreisträgers samt Inschrift.

48 Toter Hase lebt als Musikantenkneipe

Das plattdeutsche Kulturgut kennt Lütt Matten (Klein Martin) als Hasen in einem später vertonten Gedicht von Klaus Groth. Das Hoppeltier möchte darin eigentlich nur zu Fidelmusik tanzen und fällt auf einen listigen Fuchs herein. Am Ende wird es aufgefressen. Wer nun aber glaubt, das Lokal »Lütt Matten« in Garding sei so etwas wie eine Volkstanzbühne, täuscht sich. Zu erwarten ist vielmehr »Livemusik und der ganz normale Wahnsinn«, verkündet der Betreiber. Musiker aus ganz Deutschland treten auf der kleinen Bühne auf. Zur Idee, die Kneipe »Lütt Matten« zu nennen, heißt es: »Das Lokal sollte einen plattdeutschen Namen und mit Musik zu tun haben. Das passt doch«.

Musikantenkneipe Lütt Matten · Enge Straße 15 · 25836 Garding · Tel. 04862 12 00 (ab 17 Uhr) · Mobil: 0172 59 07 87 0 · E-Mail: info@luettmatten-garding.de · www.luettmatten-garding.de

49 Die Melkstuv auf der Lammerswarft

Die Idee stammt aus Niedersachsen: Dort reihen sich an den Radwanderwegen die Melkhüser, kleine Rasthäuser der ortsansässigen Milchbauern. Auf der Lammerswarft im Norden der Halbinsel Eiderstedt befindet sich nun auch eins. Die weit und breit einzige Melkstuv gehört zu einem Anwesen mit Reetdachhäusern, direkt am Nordseeküstenradweg gelegen. Hier können sich Ausflügler mit frisch zubereiteten Milchprodukten stärken, z. B. mit Shakes wie »Leuchtfeuer« oder »Eiderstedter Biene«. Auch Eintöpfe vom Rind und Lamm kommen auf den Tisch. Zum Mitnehmen gibt es Käse, Butter, Quark und mehr. Wer über Nacht bleiben möchte, kann eine Ferienwohnung mieten. Direkt vom Deich kommt das Salzwiesenlamm, das im Hofladen verkauft wird.

Melkstuv Westerhever · Hof Lammerswarft · Heerstraße 28 · 25881 Westerhever · Tel. 04865 90 15 90 · www.lammerswarft.de · www.melkhus-westerhever.de

Wer meint, dass er etwas kann, darf im Lütt Matten auftreten.
Raststätte für Radler und andere Ausflügler: In der Melkstuv kann man sich stärken.

Schmuckes Ensemble: Zwei Wärterhäuschen flankieren den Turm.
Der Stockenstieg ist das letzte noch existierende Beispiel des traditionellen friesischen Wegebaus.

Der Pfad des Leuchtturmwärters

50

Zum schönsten Leuchtturm Nordfrieslands pilgern im Sommer Besucherscharen. Eine bunte Flip-Flop-Karawane folgt dem Weg, der in Biegungen um ein geschütztes Gebiet führt. Die Leuchtturmwärter von einst nahmen einen anderen Pfad, der heute noch zeitweise zugänglich ist.

Gemeint ist der Stockenstieg, ein uralter, schmaler Weg aus Klinkersteinen. Der Name setzt sich aus den friesischen Worten für Stock, was so viel wie Grabenbrücke bedeutet, und Stieg (kleiner Weg) zusammen, denn der Stockenstieg führt auch über drei kleine Holzbrücken. Er ist 1,2 Kilometer lang und gerade einmal 45 Zentimeter breit. Wer von Juni bis September kommt, kann ihm heute noch folgen. Dann, außerhalb der Rastzeit der Zugvögel, ist der Klinkerpfad für Besucher geöffnet – aber nun in Richtung vom Leuchtturm zum Deich. Zwei Personen können sich hier nicht begegnen, ohne den Weg zu verlassen oder zu intime Verrenkungen durchzuführen. Jeder Fehltritt kann den empfindlichen Lebensraum der Salzwiesen schädigen.

Auf der Halbinsel Eiderstedt mit ihren morastigen Niederungen gab es früher viele solcher Klinkerwege. Sie waren von den Bewohnern angelegt worden, um trockenen Fußes zur Kirche oder zur Schule zu gelangen. Der heute denkmalgeschützte Stockenstieg ist das letzte noch existierende Beispiel des traditionellen friesischen Wegebaus.

Leuchtturm und Stockenstieg entstanden 1906. Zwei Jahre später konnte der Leuchtturm in Betrieb genommen werden. Seit 1979 läuft das Leuchtfeuer automatisch. Die einstigen Wärter wohnten in den Häuschen zu beiden Seiten des Turms. Heute ist dort die Schutzstation Wattenmeer untergebracht, zu der auch eine kleine Ausstellung gehört. Aquarien mit Nordseebewohnern, eine Forscherecke und Informationen stehen bereit. Liebevoll gestaltet ist auch der Außenbereich des Leuchtturms: mit Sitzbänken, Kräuterkästen und einem »Fenster zur Nordsee« in einer Holzwand. Auf den Turm führt eine Treppe mit 157 Stufen. Von oben bietet sich eine grandiose Aussicht.

Leuchtturm · 25881 Westerhever · www.westerhever-nordsee.de · www.schutzstation-wattenmeer.de › Seminarhäuser › Westerhever

51 Strickwaren gegen den Fraß der Nonnengänse

Vor Ort ist sie fast schon eine friesische Berühmtheit, auch das Fernsehen berichtete über Dorothee Olle. Für Besucher indes ist ihr Verkaufsstand eine schöne Überraschung. Bei Wind und Wetter leuchten die handgearbeiteten Strickwaren der Schäferin vor dem satten Grün des Westerhever Deichs.

Die Hauptaufgabe der Schäferin ist natürlich, ihre Schafe zu hüten und zu versorgen. Doch zur Existenzsicherung genügt dies nicht mehr, seit die Nonnengänse Westerhever zu ihrem Refugium erklärt haben. Die Vögel überwintern dort zu Tausenden, ganze Scharen fressen regelmäßig die Weiden kahl, sodass das Vieh kaum noch Futter findet. So musste etwa Landwirt Hans Dircks bereits 2009 seinen Milchviehhof auf der Lammerswarft aufgeben. Dorothee Olle beißt sich strickend durch die Problematik. »Ich muss zufüttern, das kostet viel Geld, doch zum Glück kommen hier auch viele Touristen vorbei, die gern ein schönes Souvenir kaufen«. Manch einer, der das nordische Wetter unterschätzt hat, greift auch spontan zu einer wärmenden Weste oder Strickmütze. Auch Schafskäse und Lammspezialitäten gibt es bei der Schäferin.

▶ **Die Öffnungszeiten des Verkaufstandes Ahndelweg: 01.05. – 31.10. sowie 24./25./26. und 31.12., jeweils 12-16 Uhr**

Die Invasion der Nonnengänse führte zu Auseinandersetzungen zwischen Landwirten und Naturschützern. Auch der Vogelschutz auf Eiderstedt hat seine Berechtigung, gilt doch die Halbinsel als wichtige Drehscheibe für Zugvögel. Er galt insbesondere der bedrohten Trauerseeschwalbe und anderer Wiesenvögel wie Kiebitz, Uferschnepfe und Goldregenpfeifer. Doch dann nahm stattdessen der Bestand der Nonnengänse erheblich zu. Vogelkundler machen auch die intensive Landwirtschaft mit verantwortlich für die flatternde Plage, die stets gut gedüngten Wiesen böten einen reich gedeckten Tisch. »Der Gänsefraß ist tatsächlich ein Problem«, bestätigte Nicola Kabel, Sprecherin des Ministeriums für Umwelt und Landwirtschaft 2013 gegenüber der SHZ. Um dem zu begegnen, erarbeite man »ein Gesamtkonzept zum Gänse-Management«.

Dorothee Olle · Deichstraße 2 / Ahndelweg · 25881 Westerhever · Tel. 0152 07 50 30 20 · www.ferienwohnungen-westerhever.de/dorothee-olle.html

Besonders an Wochenenden und Feiertagen ist die Schäferin mit ihrem Verkaufswagen am Deich anzutreffen. Die Waren fertigt sie aus der Wolle ihrer Tiere.

Das gibt es nur in St. Peter Ording: Pfahlbauten mit Strandtoiletten.
Besonders sind auch die Strände mit reichlich Platz für alle.

Strandhäuser auf Stelzen

52

Ausgeklügelte Deiche und die Hügel der Warften auf den Halligen gehören zum Küstenschutz in Nordfriesland. Eines aber sieht man nur im äußersten Westen der Halbinsel Eiderstedt, am Strand von Sankt Peter-Ording: Häuser auf Stelzen. Sie entstammen der Tradition der »Giftbuden«.

In den bis zu sieben Meter hohen Pfahlbauten an den verschiedenen Badestellen sind die Wasserwacht, Restaurants und sogar die Strandtoiletten untergebracht. Genial und für den Ferienort ein Markenzeichen, das auf dem Logo und den Pick-ups der Strandhüter prangt. Auch die Strandbar 54° Nord steht auf Pfählen, je nach Gezeiten auch mal mitten im Meer, und ist über eine Brücke erreichbar. Vom Zugang aus erahnt man die große Sommerterrasse kaum, von der sich ein weiter Blick über das Meer bietet. Das Lokal ist trendig-schlicht gestaltet mit warmem Holz und weißen Sitzbänken, auf den Tisch kommt bevorzugt Saisonales, darunter regionale Spezialitäten wie Eiderstedter Lammbratwurst. Es zog in einen Pfahlbau mit Geschichte ein. Schon ab 1911 stand hier die erste »Giftbude«, so nannte man auf Plattdeutsch Gebäude, in denen es für die hungrigen Badegäste etwas gab (»wat geev«). Sie wurde bei der Sturmflut 1936 zerstört und nach dem Zweiten Weltkrieg als Badekabine mit Schankerlaubnis für Alkoholika wieder errichtet.

Rund 2,2 Millionen Übernachtungen verbucht »SPO« jährlich. Damit ist es der besucherstärkste Ferienort in Schleswig-Holstein nach der Inselgemeinde Sylt. Ein Hotspot für Kitesurfer und betagte Kurgäste gleichermaßen. Am Strand im Ortsteil Ording ziehen die bunten Schirme über die Wellen und im Ortsteil Bad ist Promenieren und Wellness angesagt. Von besonderer ökologischer Bedeutung sind die weitgehend ursprünglichen Salzwiesen, die den Strand säumen (siehe auch Kapitel 53). Sankt Peter-Ording ist aus fünf einst getrennten Dörfern und Siedlungen zusammengewachsen – Böhl, Bad, Dorf, Ording und Brösum. Die ersten vier Namen sind auch die der heutigen vier Ortsteile. Das ursprüngliche Dorf St. Peter gab es schon im 14. Jahrhundert.

Tourismus-Zentrale St. Peter-Ording · Maleens Knoll 2 · 25826 St. Peter-Ording · Tel. 04863 99 90 · www.st-peter-ording.de · **Strandbar 54° Nord** · Strandweg 999 · 25826 St. Peter-Ording · Tel. 04863 47 81 75 · www.strandbar-spo.de

Der weite Strand von St. Peter Ording mit seinen typischen Stelzenhäusern.

53 Wanderung durch drei Klimazonen

Wattenmeer, Dünen und Kieferwald: Sankt Peter-Ording hat drei Klimazonen, zu erleben bei einer schönen Rundwanderung. Sie beginnt und endet am »Surferstrand« im Ortsteil Ording. Mehrere Varianten der Route, die auch an leckeren Fischbrötchen vorbeiführt, sind möglich.

Zwischen den Salzwiesen und der Ortschaft von »SPO« erstreckt sich ein kleiner Kiefernwald, der eigens angelegt wurde. Hier verbinden schöne Spazierwege und Nordic Walking-Strecken die beiden Ortsteile Ording und Bad. Eine inoffizielle Rundwanderung führt durch alle drei Klimazonen. Sie ist also nicht ausgeschildert, doch der Weg ist leicht zu finden. Von Ording nach Bad geht es immer am Strand entlang, dann über die Seebrücke bis zur Promenade bei der Dünentherme. Ein schöner Platz für eine Pause mit einem Snack beim Sylter »Fischkönig«, einem Eis oder gleich einem kompletten Mittagessen.

Hier geht es von der Dünenlandschaft in den Kiefernwald.

Auch ließe sich nun ein Schlenker in den Ort mit seinen Strandshops und weiteren Lokalen einbauen, und der Promenade nach rechts folgend, ist man gleich beim schönen Minigolfplatz. Die Klimazonentour indes setzt sich bei der Promenade nach links in Richtung Kiefernwald fort – oberhalb des Radweges. Sich weiter links haltend, führt der Weg durch den Wald zurück nach Ording, wobei es einige Varianten gibt. Besonders schön ist die Verlängerung bis zur Straße »Am Deich« (hier kann man auch schön einkehren) und dann ab dem Kassenhäuschen am Strandzugang durch die Dünen. Es gibt einen Pfad mit Aussichtsplätzen, auf dem das Betreten der geschützten Zone erlaubt ist. So geht es schließlich auch wieder zurück zum Strand. Je nachdem, welche Variante man wählt, beträgt die Gesamtlänge der Strecke rund fünf bis sechs Kilometer.

Die Eindrücke sind einmalig: Ein insgesamt zwölf Kilometer langer und bis zu zwei Kilometer breiter Strand säumt Sankt Peter-Ording, im Norden mit Dünen und bis in den Süden mit angrenzenden Salzwiesen. Anders als viele andere Salzwiesen an der Nordseeküste wurden diese also zwischenzeitlich nie beweidet und es gibt zahlreiche kleine Tümpel. Der nahe am Land gelegene Teil der Salzwiesen wird hier nur noch gelegentlich überflutet. So konnten sich Amphibien wie Grasfrosch, Moorfrosch, Erdkröte und Kreuzkröte ansiedeln.

Auf der Tour kann man sich auch über Flora und Fauna informieren.

Vom Thermalbecken aus kann man bis zum Wattenmeer schauen.
Das Freizeitbad hat seinen Namen aus gutem Grund.

Die Heilquelle unter der Dünentherme

54

Sankt Peter-Ording darf sich »Nordseeheil- und Schwefelbad« nennen, denn es besitzt eine eigene Schwefelquelle. Man fand sie in den 1950er-Jahren im Bereich der heutigen Dünentherme, wo sie auch heilfördernd genutzt wird. Ohnehin ist diese ein wohltuender Ort für Körper und Seele.

Die Kraft der Nordsee: Schon beim tiefen Durchatmen ist sie spürbar und bei einer Thalassotherapie umso mehr. Der Begriff kommt vom griechischen Wort »thalassa«, das Meer. Er steht für gesundheitsfördernde Anwendungen mit Substanzen aus dem Meer. Spaziergänge oder sportliche Aktivitäten am Meer ergänzen die Therapie. Auch in Schleswig-Holstein haben sich einige Kureinrichtungen und Wellness-Oasen auf Thalasso spezialisiert, zum Beispiel die Dünentherme in Sankt Peter-Ording. Dazu gehört auch ein Wellness- und Gesundheitszentrum mit Thalasso- und anderen Anwendungen. Hier kommen SPOs hauseigene Heilmittel zum Einsatz: Meerwasser, Schlick und Schwefelsole. Eine Quelle liefert schwefelhaltiges, heilendes Wasser aus größerer Tiefe – makellos rein, weil der darüber liegende Wattboden wie ein großer Filter funktioniert. Die Schwefelquelle wurde 1956 direkt unter der heutigen Dünentherme entdeckt. Ihr Gesamtgehalt an Mineralien soll bei Weitem sämtliche deutschen Schwefelquellen übertreffen. Beim Schwefelgehalt liegt die Quelle von SPO an der bundesweit fünften Stelle. Ein Wannenbad in der Schwefelsohle hat sich unter anderem besonders bei Hauterkrankungen wie etwa Akne, Ekzemen, Neurodermitis und Schuppenflechte bewährt.

▶ **Gäste des benachbarten »StrandGut Resorts«, ein Drei-Sterne-Hotel, haben einen direkten Zugang zur Dünentherme, die natürlich auch Tagesgästen offensteht.**

Insgesamt 1 000 Quadratmeter groß ist das Freizeit- und Erlebnisbad, das auch mit einem Wellenbad für Laune sorgt. Im Thermalbecken kann man auch bei Wind und Wetter im Freien baden – der Blick reicht über die Dünen bis zum Wattenmeer – und dabei die würzige Seeluft atmen.

www.st-peter-ording.de ·
www.strandgut-resort.de

55 Eine begehbare Orts-Chronik

Den traditionellen Kern von St. Peter-Ording bildet der zentrale Ortsteil Dorf. Auch moderne Wohngebäude mischen sich unter die Reetdachhäuser, doch die Geschichte lebt auf der Museumsinsel auf. Mitglieder der AG Orts-Chronik gestalteten Gebäude wie in alten Zeiten.

Eine historische Insel entstand in der 1841 eingedeichten Kirchenleye, inmitten des heutigen Tourismustrubels. Dazu wurden einige kulturhistorisch bedeutsame Anlagen nachgebaut, wie sie typisch und nützlich für die Landschaft waren, in ehrenamtlicher Arbeit von den Handwerkern des Ortes. Man begann 2006 mit dem Nachbau eines Backhauses. Heute sind die dort veranstalteten Backtage eine Attraktion für Besucher. Im folgenden Jahr kam der Eiskeller hinzu, wie man ihn zu Zeiten ohne Elektrizität und Kühlschrank nutzte. Der Badeort St. Peter bekam erst ab 1928 elektrischen Strom, also mussten die Hotels sich anders behelfen: Mit Erdhöhlen, meist in den Dünen, in denen auf Schilf im Winter Eisbarren lagerten. Diese Eiskeller wurden gut verschlossen gehalten, um auch noch im Spätsommer zu kühlen. Von 1890 bis 1930 dienten sie auch als Lagerraum für Störfleisch.

Im Jahr 2008 erhielt die Museumsinsel ihr »Schipperhus«. Das reale Vorbild befand sich ungefähr am selben Platz und war eine Seltenheit. An der Nordseeküste soll es nur in St. Peter solch ein Gebäude gegeben haben. Aus heutiger Sicht ist es ein gruseliger Ort. In der kleinen Hütte verwahrte man Strandleichen, um herauszufinden, woher sie kamen und um sie zu identifizieren. Häufig handelte es sich um einen Seemann aus der Nachbarschaft. Die gelagerten Leichen wurden vom Pastor in seinem Totenregister genau beschrieben. Zur Museumsinsel gehören inzwischen auch noch weitere Schaustücke wie zum Beispiel das »Eiderstedter Heck« oder der Vierrutenbarg. Im Ortsteil Dorf steht auch die namensgebende Kirche St. Peter. Sie wurde 1367 erstmals urkundlich erwähnt. Um die Ecke informiert das Museum der Landschaft Eiderstedt über die Besonderheiten der Halbinsel.

AG Orts-Chronik · Badallee 56 (im Souterrain) · 25826 St. Peter-Ording · Do 10 – 12 Uhr · Tel. 04863 1816 · www.chronik-spo.de

In solch einem Eiskeller wurden die Vorräte im Sommer kühl gelagert.
Brot aus dem Backhaus ist beliebt bei Touristen wie Einheimischen.

56 Bernstein an der Nordsee

Die leichten Steinchen gelten an sich als das »Gold der Ostsee«, wo sie auch schon selten sind. Doch mit etwas Gespür und viel Glück können Spaziergänger genauso an der Nordseeküste einen Bernstein finden. Auf jeden Fall bekommt man welche im Ortsteil Dorf von SPO zu sehen und kann sich dabei obendrein darüber informieren: Hier befindet sich das Nordseebernsteinmuseum von Boy Jöns. Es vermittelt Wissenswertes zur Entstehungsgeschichte, zu Transportwegen und zur Verbreitung des fossilen Harzes. Ausstellungsstücke, das älteste ist 14000 Jahre alt, und Schautafeln verdeutlichen die vielen Facetten der Bernstein-Geschichte.

Nordseebernsteinmuseum · Dorfstraße 15 · 25826 St. Peter-Ording · Tel. 04863 5611 · www.nordsee-bernsteinmuseum.de · auch Werkstattvorführungen und Kurse

57 Neues Leben hinter den Deichen

Nahe dem Eidersperrwerk eröffnet sich ein besonderes Revier. Hier befand sich die Watt- und Salzwiesenlandschaft der Eidermündung. Sie wurde zwischen 1967 und 1973 aus Gründen des Hochwasserschutzes eingedeicht. Unter der Obhut des NABU entwickelte sie sich zu einem Vogelschutzgebiet und bildet nun einen Lebensraum für Säbelschnäbler, Kiebitze, Graugänse und viele andere gefiederte Bewohner. Seeadler ziehen ihre Jungen auf. Die Landschaft ist geprägt von Orchideenwiesen, Weiden und Wäldern. Vor den Dämmen haben auch neue Salzwiesen ihren Platz gefunden. Vor Ort wurde ein Naturzentrum mit Ausstellung liebevoll eingerichtet, zu dem auch Vogelbeobachtungsplätze gehören.

Naturzentrum Katinger Watt · Katingsiel 14 · 25832 Tönning · Tel. 04862 8004 · www.schleswig-holstein.nabu.de

Bernstein gibt es in allerlei Formen und Farben.
Auch im Außenbereich des Naturzentrums erfährt man vieles.

58 Umweltaktivistin zu patriarchalischen Zeiten

Namensgeberin des Naturzentrums Katinger Watt war Lina Hähnle. Sie lebte von 1851 bis 1941 und erkannte die Zerstörung der Natur durch die industrielle Revolution. Ihr Leben widmete sie dem Schutz der Vogelwelt. Im Alter von 48 Jahren gründete sie den Bund für Vogelschutz – den Vorläufer des heutigen Naturschutzbund Deutschland (NABU). Die Mutter von sechs Kindern machte den Verband zur größten Naturschutzorganisation Deutschlands. Obwohl es noch nicht einmal ein Wahlrecht für Frauen gab, war Lina Hähnle präsent im Bewusstsein der Öffentlichkeit. So gelang es ihr unter anderem, 1908 eine Verschärfung des Reichsvogelschutzgesetzes durchzusetzen.

Naturzentrum Katinger Watt · Katingsiel 14 · 25832 Tönning · Tel. 04862 80 04 · www.schleswig-holstein.nabu.de

59 Süßwasserfreuden nahe dem Meer

Eider, Treene und Sorge bilden Schleswig-Holsteins größte zusammenhängende Flusslandschaft. Sie reicht von Heide bis Flensburg, ist unter anderem Refugium von Störchen, Kiebitzen oder dem seltenen Brachvogel. Auch schöne Badeplätze verstecken sich hier, viele mit Liegewiese und Grillplatz, einige haben sogar einen Sandstrand. Flussbadestellen gibt es in Drage, Bargen, Bergenhusen, Friedrichstadt, Meggerdorf, Tielen, Delve, Horst, Süderstapel, Schwabstedt, Oldersbek, Satteln, Börm und in Husum am Dockkoog. Auch eine Kanutour auf diesen Flüssen ist ein Erlebnis. Verleihstationen gibt es an mehreren Orten. Als Startpunkt bietet sich zum Beispiel Friedrichstadt an.

www.eider-treene-sorge.de · www.freizeitbad-brunsbuettel.de

re gutbürgerliche Stellung nutzte Lina Hähnle strategisch, um wichtige Unterstützer für ihre Arbeit zu gewinnen.
Hier kann man bequem mit dem Kanu ein- und austeigen.

Im Hafen vor dem Kanalpackhaus liegen heute Sportboote.
Eine Tafel zeigt, wie es an diesem Platz früher aussah.

Historische Verbindung zwischen zwei Meeren

60

Was heute Brunsbüttel für die Weltschifffahrt bedeutet, war im späten 18. Jahrhundert Tönning rund 60 Kilometer weiter nördlich. Der bereits 1613 gegründete Hafen bildete den Nordsee-Zugang des Eider-Kanals, einer ersten schiffbaren Verbindung der beiden schleswig-holsteinischen Meere.

Das verträumte Hafenstädtchen an der Eidermündung hat Großes zu berichten: Zu einer Zeit, als man an den Nord-Ostsee-Kanal nicht einmal dachte, bildete es bereits das Tor für eine erste Wasserstraße zwischen den beiden Meeren. Der am 18. Oktober 1784 eröffnete Eider-Kanal, auch Schleswig-Holsteinischer Kanal genannt, verband die Kieler Förde mit dem natürlichen Flusslauf der Untereider bei Rendsburg. So war Tönning gewissermaßen ein Wegbereiter des Nord-Ostsee-Kanals (NOK).

Das bereits ein Jahr vorher errichtete Kanalpackhaus ist noch immer der Blickfang des Tönninger Hafens, ein mächtiges Speichergebäude mit Flügeltüren, ganze 77,5 Meter lang. In dem denkmalgeschützten Bau ist eine Ausstellung zur Geschichte der Stadt im Wandel der Zeiten untergebracht. Zur Weihnachtszeit verwandelt sich das Kanalpackhaus in einen riesigen Adventskalender, der es schon ins Guinness-Buch der Rekorde schaffte (siehe Kapitel 62). Nebenan befindet sich die Alte Fischereigenossenschaft mit Fangfrischem im Direktverkauf und angeschlossenem Lokal. Auch ansonsten bietet der seit 1613 bestehende Hafen viel für das Auge mit seinen schmuck restaurierten Kapitänshäusern, historischen Segelbooten, einer weißen Holzklappbrücke und Cafés, die zum Verweilen einladen.

Der Eider-Kanal leistete noch über hundert Jahre lang seine Dienste. Er wurde nahtlos vom Nord-Ostsee-Kanal abgelöst, als er dem zunehmenden Schiffsverkehr nicht mehr gewachsen war, besonders auf dem Weg durch die Eider und das Wattenmeer. Ein großer Teil von ihm aber wurde für den von 1887 bis 1895 gebauten »Kiel-Canal« verwendet – so lautet die internationale Bezeichnung des NOK.

Tourist- und Freizeitbetriebe Tönning · Am Markt 1 · 25832 Tönning · Tel. 04861 61 42 0 · www.toenning.de

61 Krabbenpulen und kulinarisches Mondscheinkino

Das Kanalpackhaus in Tönning hat es zu jeder Jahreszeit in sich. Landratten können hier genauso wie Fischköppe regelmäßig einen Kurs im Krabbenpulen belegen und auch an der jährlichen Meisterschaft teilnehmen. Dazu gibt es Musik von den »Eiderenten«, »Strandräubern« oder dem Männergesangverein Harmonie Hattstedt. Auch noch zu ganz anderen Events lockt das wuchtige Gebäude. Das Mondscheinkino Tönning bietet ein attraktives Filmprogramm, begleitet von thematisch passenden Leckereien. Mit dem Packhaus-Festival wurde eine neue Idee umgesetzt. Man darf gespannt sein auf das, was noch kommt.

Infos und alle Termine unter
www.packhaus-toenning.de

62 Der längste Adventskalender der Welt

Das mächtige Backsteingebäude mit seinen Flügeltüren, erbaut 1783 und Zeuge des Warenumschlags zu Zeiten des Eiderkanals, ist schon für sich ein imposanter Anblick. Getoppt wird dies noch jedes Jahr in der Adventszeit. Dann leuchten nach und nach die Zahlen von 1 bis 24 golden hinter den Fenstern und Lagertüren auf, und noch mehr weihnachtliche Lichter spiegeln sich im Wasser des historischen Hafens. Hinter den symbolisch geöffneten Türen verbergen sich Überraschungen, statt Schokolade sind es Aktivitäten zum Mitmachen oder Genießen beim großen Weihnachtsmarkt. Das »Tönninger Weihnachtsereignis« stand auch schon im Guinness-Buch der Rekorde – als längster Adventskalender der Welt mit ganzen 77,5 Metern.

Weihnachtsmarkt im historischen Packhaus am Hafen · an den Adventswochenenden jeweils 11–18 Uhr · Am Eiderdeich 18 · 25832 Tönning · Tel. 04861 67 50 · www.toenning.de · www.weihnachtsereignis.de

Wer Krabben unbeschadet genießen möchte, sollte zuerst das Pulen lernen.
Das »Tönninger Weihnachtsereignis« hinterlässt bleibende Eindrücke.

Warum gucken Krabben eigentlich so komisch?
Vielleicht kann auch diese Frage in Tönning beantwortet werden.

Watt, Wale und Weltnaturerbe

63

Wenn es darum geht, die Seepferdchen der Nordsee wieder leben zu lassen oder Katzenhaie zu vermehren, ist das große Nationalpark-Zentrum in Tönning gefragt. Wer ganz tief in das UNESCO-Weltnaturerbe eintauchen möchte, ist hier genau richtig.

Zweimal pro Woche schwimmt tatsächlich ein Taucher in einem der riesigen Aquarien und die Besucher können sich über ein Mikrofon mit ihm unterhalten. Er erklärt das Verhalten der Tiere und beantwortet auch gern Fragen.

Das »Multimar Wattforum« in Tönning ist das größte Informationszentrum über den Nationalpark Schleswig-Holsteinisches Wattenmeer. Rund 200 000 Besucher verzeichnet es jährlich. In seinen 37 großen Aquarien sind mehr als 280 Arten von Fischen, Krebsen und Muscheln aus der Nordsee zu beobachten. Dazu erfährt man Hintergründiges zu den Lebensräumen im Nationalpark, dem Zuhause zahlreicher Lebewesen von winzigen Einzellern bis hin zu den großen Kegelrobben. Wer schon immer einmal wissen wollte, wie Seepocken Nahrung fangen oder wie weit eine Herzmuschel springen kann, ist hier genau richtig. Der Ausstellungsbereich »Giganten der Meere« informiert über die im Nationalpark heimischen Schweinswale. Auch das Skelett eines Pottwals ist zu bestaunen. Es stammt von einem fast 18 Meter langen und 45 Tonnen schweren Bullen, der vor einigen Jahren im Wattenmeer gestrandet ist. Die Besonderheiten der Bartenwale zeigt das Skelett eines in Nordfriesland gestrandeten Zwergwals. Einige der Aquarien dienen auch als Aufzuchtstation für bedrohte Lebewesen. So wurde mit im Wattenmeer gefangenen Seepferdchen der Gattung Hippocampus guttulatus, die in der Nordsee schon als ausgestorben galten, eine Nachzucht erreicht. Hier gelang auch die Vermehrung von Katzenhaien. Gut 18 Millionen Euro sind in das von Naturschutzverbänden und anderen Institutionen unterstützte Projekt bereits geflossen. Im Multimar Wattforum werden auch Specials wie Nachtführungen angeboten. Ein besonderes Erlebnis, denn viele Tiere werden erst bei Dunkelheit aktiv und zeigen sich nun im Schein der Taschenlampe.

Nationalpark-Zentrum Multimar Wattforum · Dithmarscher Straße 6 a · 25832 Tönning · Tel. 04861 96 20 0 · www.multimar-wattforum.de

64 Fünf kleine Überlebenskünstler

Bei den Spaziergängen auf dem Meeresgrund trifft man sie an: Etwas, was nach unscheinbaren Häufchen aussieht, anderes, das zu zwicken droht (aber völlig harmlos ist). Auch hüpfende Muscheln und echte Krabben – sowie solche, die auch so heißen aber genau genommen keine sind.

Sich einem Wattführer anzuschließen, macht die ganze Sache nicht nur zu einer sicheren Angelegenheit, man sieht und erfährt vor allem Dinge, die ansonsten wohl unbemerkt blieben. Etwa die »Small Five«, so lautet der Sammelbegriff für die fünf bedeutsamsten Tiere des Wattenmeeres. Dies sind der Wattwurm (Arenicola marina), die Gemeine Herzmuschel (Cerastoderma edule), die sogar springen kann, die Gemeine Strandkrabbe (Carcinus maenas), die Gemeine Wattschnecke (Hydrobia ulvae) und die Nordseegarnele (Crangon crangon), die volkstümlich auch als Krabbe bezeichnet wird, obwohl dieser Name eigentlich der Strandkrabbe gebührt. Diese »Kleinen Fünf« spielen eine wesentliche Rolle im ökologischen Gefüge des Nationalsparks.

▶ **Die Wattführergemeinschaft Dithmarscher Nordseeküste bietet auch Wattführungen mit Hunden an (www.watterleben.de).**

Als gute Idee erweist es sich außerdem, auch mal zu anderen Jahreszeiten durch die Schlicklandschaft zu laufen. Vor allem im Winter. Jetzt bringen die Kegelrobben ihre weiß-flauschigen Jungen zur Welt, mit Glück sind sie bei einer Wattwanderung zu beobachten. Auch zeigen sich ganz andere, überwinternde Konsorten der Vogelwelt, wenn die Sommerkollegen längst nach Süden abgereist sind.

Die Schutzstationen im Wattenmeer bieten ganzjährig Führungen zu verschiedenen Schwerpunkten an. Zum Beispiel die naturkundliche Führung »Winter im Watt« mit der Schutzstation Nordstrand. Begleitete Wattwanderungen sind an vielen Orten möglich, so auch ab Büsum, Wesselburen und Sankt Peter-Ording und fast überall auf den Nordfriesischen Inseln. Aktuelle Termine für die Touren sind auf den jeweiligen Webseiten zu finden.

Nationalpark Wattenmeer · Schlossgarten 1 · 25832 Tönning · Tel. 0486 61 60 · www.nationalpark-wattenmeer.de · Informationen: Schutzstation Wattenmeer Friedrichskoog · Südseite Hafen · 25718 Friedrichskoog · Tel. 04854 92 98

Wer alle »Small Five« finden möchte, muss genau hinsehen.

Die Herzmuscheln gehören zu den fünf Überlebenskünstlern des Wattenmeeres.

Fassaden mit Treppengiebeln zieren den Marktplatz von »Klein Amsterdam«.
Auf den »Grachten« geht es mit dem Boot durch die Holländerstadt.

Nordfriesisches Erbe der Holländer

65

Herzog Friedrich III. zu Schleswig-Gottorf hatte einen Plan: Dort, wo Eider und Treene zusammenfließen, sollte ein großer Handelshafen wie in Tönning entstehen. Daraus wurde zwar nichts, doch geblieben ist eine kleine »Holländerstadt«, einmalig in Schleswig-Holstein.

Glaubensflüchtlinge aus den Niederlanden sollten den Stadtgründer bei seinem großen Vorhaben unterstützen. So gewährte er den Remonstranten (von lat. remonstrare, »zurückweisen«) Religionsfreiheit, wirtschaftliche Privilegien und Niederländisch als Amtssprache. Im Gegenzug errichteten sie ihm ab 1621 eine Stadt. Geblieben ist ein Holländerstädtchen mitten in Nordfriesland, mit Grachten (Sielen oder Burggräben), Häusern der niederländischen Backsteinrenaissance und Treppengiebeln. So wird es auch »Klein Amsterdam« genannt. Immer noch ist Friedrichstadt die einzige remonstrantische Gemeinde in Deutschland mit rund 200 Mitgliedern, inzwischen betreut von einem niederländischen Pastor aus Groningen. Die heutige Remonstrantenkirche (erbaut 1854) steht in der Prinzessstraße 29. Das Bauwerk ist bei Stadtführungen zu besichtigen.

▶ **Im winterlichen Zauber der Treppengiebel veranstaltet die »Holländische Stube« eine Grachtenweihnacht an bestimmten Adventstagen (www.hollaendischestube.de).**

Mehr über die Stadtgeschichte ist im Museum Alte Münze zu erfahren. Die Ausstellung informiert auf drei Etagen über die Themen Stadtgründung, Religionsvielfalt und Alltagsleben. Das reich verzierte Renaissancegebäude ist schon von außen sehenswert; es wurde 1626 als Speicher für den adligen Statthalter Adolph van Wael errichtet. In den folgenden Jahrhunderten diente es als Kirche, Bibliothek und Touristinformation, bevor 1995 das städtische Museum einzog. Anders als sein Name vermuten lässt, gab es hier also nie eine Münzprägerei. Zu einem Besuch in Friedrichsstadt gehört unbedingt eine Grachtenfahrt. Vor allem im Sommer tummeln sich etliche Boote und Ausflugsschiffe auf den Kanälen.

Tourismusverein Friedrichstadt · Am Markt 9 · 25840 Friedrichstadt · Tel. 04881 93 93 0 · www.friedrichstadt.de · www.grachtenfahrt.de

66

Bootskorso beim Fest der Laternen

Bunt geht es im Sommer immer zu auf den Sielen und Grachten von Friedrichstadt. Das Highlight ist das alljährliche Lampionfest am letzten Wochenende im Juli. Während man an anderen Tagen die Kanäle auch mal fast für sich hat, ist nun auf dem Wasser jede Menge los. Beim Lampion-Bootskorso am Samstagabend schwimmen die verrücktesten Gefährte auf den Grachten. Drei Tage lang wird in der ganzen Altstadt gefeiert. Auf dem Markt gibt es ein Live-Programm mit Budenzauber, auf dem Stadtfeld eine Kindermeile und abends steigt die große Festzelt-Party. Zum Abschluss leuchtet ein Feuerwerk über den Giebeln der Holländerstadt.

www.friedrichstadt.de · www.grachtenschifffahrt.de · www.grachtenfahrt.de

67

Norddeutschland in HO 1:87

Die weltbekannte Modelleisenbahn im nahen Hamburg hat sozusagen eine kleine Schwester in Friedrichstadt. Dort zeigt eine detailgetreue Miniaturlandschaft das Gebiet von Norddeutschland bis an den Rhein, gestaltet im HO-Maßstab 1:87. Mit dem »Modellbahn-Zauber« hat Sönke Röckendorf seinen Kindheitstraum verwirklicht, nachdem er auch seine Frau »mit dem Virus infizieren« konnte. Es war ein Wagnis für das Paar, beide gelernte Maler und Lackierer mit eigenem Betrieb, das zweite Standbein zu realisieren. Das Ergebnis ist längst ein Touristenmagnet. Besucher dürfen auch selbst einiges per Knopfdruck in Bewegung bringen, zum Beispiel Kirmes-Fahrgeschäfte, Windkraftrotoren oder verschiedene Figuren.

Modellbahn-Zauber · Brückenstr. 18 · 25840 Friedrichstadt · Tel. 04881 93 88 58 · info@modellbahn-zauber.de · www.mobaza.de

Beim Lampionfest ist das auch sonst bezaubernde Friedrichstadt noch schöner.
Mit dem »Modellbahn-Zauber« hat Sönke Röckendorf seinen Kindheitstraum verwirklicht.

Öömrang und die anderen Inseldialekte prägen auch manche Plätze.
In der Friesenkapelle in Wenningstedt auf Sylt ist das Vater Unser auf Sölring zu lesen.

Fering, Öömrang und Sölring

68

Oh, Plattdeutsch?, vermuten manche Gäste aus anderen Regionen, wenn sie in Nordfriesland sind und bei einer Unterhaltung Ein-heimische kaum verstehen. Das könnte zwar stimmen, wahrscheinlich aber handelt es sich um einen Dialekt, der zum Beispiel auf Sylt anders klingt als auf Amrum oder Föhr.

Für Auswärtige kann es sich auch nach Chinesisch oder Finnisch anhören. Wenn etwa ein Föhringer »fiiwfut« sagt, meint er einen Seestern. So sagt man es auf Fering, einem Dialekt, den noch rund 3 000 Einwohner beherrschen. Besonders der Westen der Insel gilt als eine der letzten Hochburgen des Friesischen. Hier ist die Sprache im Alltag präsent und wird immer noch an die jüngeren Generationen weitergegeben, auch im Schulunterricht und im Kindergarten. Außerdem sprechen die Insulaner genauso Platt- und Hochdeutsch. So kommt es vor, dass sich Gäste auf Föhr wundern, denn manche Föhringer vermischen im Gespräch untereinander alles nach Lust und Laune. Das kann auch auf Amrum oder Sylt passieren, bloß handelt es sich beim friesischen Gesprächsanteil dann um Öömrang (auch: Amring) beziehungsweise Sölring (veraltet: Syltring). Einfacher lässt es sich als Föhrer, Amrumer oder Sylter Friesisch bezeichnen. Alle drei zählen zu den Hauptdialekten der nordfriesischen Sprache und dabei zum inselfriesischen Zweig.

Ganz anders wiederum ist das Helgoländer Friesisch (Eigenbezeichnung »Halunder«). Nur noch ungefähr ein Drittel der rund 1 500 Insulaner spricht es und der Dialekt gehört auch dort zum Schulunterricht. Das Nordfriesische im Allgemeinen wird nur noch dort und in Teilen des Kreises Nordfriesland gesprochen. Insgesamt gibt es in diesen Regionen heute noch zehn verschiedene nordfriesische Dialekte, teils so verschieden, dass man sich untereinander kaum versteht. Von rund 164 000 Einwohnern des Kreises Nordfriesland sprechen noch etwa 10 000 Friesisch. Weil Nordfriesisch trotz regionaler Bemühungen vom Aussterben bedroht ist, wird es im »Endangered Languages in Europe Report« als »ernsthaft gefährdet« eingestuft.

www.sylt.de · www.amrum.de · www.foehr.de

69 Kugelwerfen an den Deichen

Zwar stellt man hier für Gummikugeln keine Vorfahrtsschilder an Straßen auf, so wie es in Ostfriesland üblich ist, doch Tradition hat der Wettkampfsport genauso in Nordfriesland. Heute ist er außerdem in weiteren Landkreisen von Schleswig-Holstein verbreitet.

»Gesprochen wurde von all den Menschen wenig; nur wenn ein Kapitalwurf geschah, hörte man wohl einen Ruf der jungen Männer oder Weiber; oder einer von den Alten nahm seine Pfeife aus dem Mund und klopfte damit unter ein paar guten Worten dem Werfer auf die Schulter: ›Das war ein Wurf‹, sagte Zacharies und warf sein Weib aus der Luke!«

So beschreibt Theodor Storm die Stimmung während eines Boßelspiels in seiner Novelle »Der Schimmelreiter« (1888). Der Deichgraf Hauke Haien, Hauptfigur der Geschichte, gewinnt auf einem nordfriesischen Winterfest das Spiel und erfährt dadurch gesellschaftliche Anerkennung. Schon damals gehörte die Sportart zum Friesischen wie das Wattenmeer. Der Friese lernt zuerst das Laufen und dann das Boßeln, heißt es. In Ostfriesland geht es so weit, dass die dabei geworfenen Kugeln »Vorfahrt« haben: Schilder werden aufgestellt und die Autos müssen so lange warten.

▶ Auch anderenorts in Schleswig-Holstein wird ordentlich geboßelt. Im Elbmarschenhaus (Landkreis Pinneberg) kann man den Friesensport am Deich selbst einmal ausprobieren.

An der schleswig-holsteinischen Küste boßelt man etwas weniger und unauffälliger – oder sagen wir: versteckter. Es zieht die begeisterten Meuten an die Wege bei den Deichen. Die weißen Entfernungsmarkierungen sind oft noch lange zu sehen. Ziel beim Boßeln ist es, eine Kugel aus Gummi oder Holz mit möglichst wenigen Würfen über eine bestimmte Strecke zu werfen. Auch irische Eisenkugeln werden mitunter verwendet. Ähnlich, nur mit anspruchsvollerer Technik, läuft das Klootschießen ab – ein Feldkampf, der traditionell auf überfrorenen Weiden ausgetragen wird.

Verband Schleswig-Holsteinischer Boßler e.V. · www.vshb.de

Plattes Land hat auch Vorteile: Es macht schöne Boßelstrecken möglich.
Die Kugeln können unterschiedlich aussehen.

Ob das Sperrwerk selbst oder der Eiderblick vom Aussichtspavillon aus,
hier lohnen sich alle Perspektiven.

Rast vor rauschenden Sieltoren

70

In Dithmarschen zieht ein Parkplatz an einem langen Betonbauwerk viele Gäste an. Das Eidersperrwerk bringt mit einer roten Ampel manche zum Stehen, andere halten auch bei Grün an. Dies ist eines der größten Küstenschutzkonstrukte Europas. Ein Aussichtspavillon mit Fischimbiss lädt zur Rast ein.

Direkt beim Sperrwerk befindet sich ein großer Parkplatz. Von dort aus können Besucher auf den Deich spazieren und einen ersten Blick über die Nordsee schweifen lassen. Eine Treppe führt auf das riesige Küstenschutzbauwerk, über das man auch bis zur anderen Seite laufen kann. Dabei lässt sich das Schleusengeschehen aus nächster Nähe verfolgen. Es ist eindrucksvoll anzusehen, wie das Wasser durch die fünf riesigen Sieltore rauscht. Sie wurden in zwei separaten Reihen angeordnet, um eine doppelte Deichsicherheit zu gewährleisten. Zwischen den Torreihen führt eine Straße durch einen 236 Meter langen Tunnel. Die zugehörige Schleuse ist mit doppelten Toren konstruiert. Sobald ein Schiff das Werk passieren muss, wird ein Stück der Straße hoch geklappt; für die Autofahrer leuchtet dann eine rote Ampel. Führungen durch das Sperrwerk bietet der Tourismusverein Wesselburen an.

Das Eidersperrwerk ist eines der größten Küstenschutzkonstrukte Europas. Es wurde 1967 gebaut, um den Wasserstand zwischen Binnenhafen und Nordsee zu regulieren. Durch die 40 Meter langen Sieltore fließt das Eiderwasser bei Ebbe in die Nordsee. Bei Flut wiederum geben sie das Nordseewasser in die Eider frei. Bei Sturmflut werden beide Torreihen geschlossen.

Den Blick über die stille Eidermündung können auch Gäste des Aussichtspavillons genießen, bei dem man unter anderem köstliche Fischbrötchen bekommt. Vom Parkplatz aus ist kaum zu erkennen, dass es hinter dem Pavillon noch weitere Sitzbänke und Tische gibt. Von hier aus, abseits der Straße, ist der Eiderblick besonders schön. Inhaberfamilie Rohr hat den Pavillon inzwischen um eine zweite Station erweitert. Sie befindet sich auf der anderen Seite des Sperrwerks beim Katinger Watt.

Eidersperrwerk · Dammstraße · 25764 Wesselburenerkoog · www.nordseebucht.de · www.wsv.de · **Aussichtspavillon** · www.rohr-eidersperrwerk.de

71

Einflussreiche Bauerngeschlechter

Etwas abseits der touristischen Hauptströme, aber immer noch nahe der Küste, liegt die Gemeinde Lunden. Wahre Kulturperlen sind hier zu entdecken. Die St. Laurentius-Kirche mit dem Geschlechterfriedhof spiegelt eindrucksvoll ein rebellisches Stück Geschichte wieder.

Lunden besaß von 1529 bis 1559 das Stadtrecht und war das Zentrum der sogenannten ›Bauernrepublik Dithmarschen‹. Zwar war diese Region nie lehensunabhängig, also formal frei, doch es konnte sich so etwas wie eine Selbstverwaltung bilden, weil einige Lehnsherren ihre Hoheit nicht streng ausübten. So waren Lundener Geschlechter in entscheidungsrelevanten Positionen des Rates der Achtundvierziger Regenten vertreten und einige Bauernfamilien hatten regional großen politischen und wirtschaftlichen Einfluss. Von dieser Zeit erzählt der Geschlechterfriedhof an der St. Laurentius-Kirche. Er wurde auf einer alten Düne angelegt und schon sein Anblick ist etwas Besonderes: Der Hügel mit den zahlreichen erhaltenen Grabplatten, Stelen und gemauerten Grabkellern, im Mittelpunkt die leuchtend weiße St. Laurentius-Kirche, gerahmt von einer bis zu zwei Meter hohen historischen Mauer. Letztere diente als Hochwasserschutz und Bollwerk im Dänisch-Hanseatischen Krieg (1509–1512). Sogar bei der großen Sturmflut von 1436 blieb der Friedhof vor den Wassermassen verschont.

Insgesamt befinden sich 67 Gräber auf dem zum Kulturdenkmal ernannten Geschlechterfriedhof. Bis ins späte Mittelalter lässt sich ihre Geschichte zurückverfolgen. Begräbnisstätte und Kirche sind sogar noch älter. Zwar existieren aus der Gründerzeit keine Gräber mehr, doch es gilt als gesichert, dass beides bereits im 12. Jahrhundert vorhanden war. Die noch sichtbaren Grabstätten wurden von Siedlungsgemeinschaften im 16. und 17. Jahrhundert errichtet. Darunter sind also noch Gräber aus der Zeit der Dithmarscher Bauernrepublik. Um sich von der Allgemeinheit abzuheben, beanspruchten die zugehörigen Familien auch auf dem Friedhof exponierte Positionen.

www.amt-eider.de · www.gemeinden-lunden-lehe-krempel.de

Aufwändig gestaltete Grabmale, Stelen und Grabkeller verteilen sich auf dem Hügel, der einmal eine Düne war. Im Mittelpunkt: die schmucke St. Laurentius-Kirche.

Am Weg geben Tafeln in Plattdeutscher Sprache dem Wanderer Verhaltensregeln mit.

Die Lundener Niederung – multimedial und live

72

Die Einflüsse des nahen Meeres prägten insbesondere das Niederungsgebiet der Region Eider-Treene-Sorge. Küstentypische Formen sind hier genauso zu finden wie Besonderheiten der Flusslandschaft und eine artenreiche Vogelwelt. Im NaTourCentrum Lunden ist all dies facettenreich zu erleben.

Am Westrand der Flusslandschaft Eider-Treene-Sorge vereinen sich geologische und naturkundliche Besonderheiten auf engstem Raum: Die Marsch und die Windungen der Eider, Nehrungsdünen, eine Niederung mit Mooren und dem Mötjensee, artenreiche Feuchtwiesen und der von Menschen ausgestaltete Naturerlebnisraum Lunden. Es ist eine der jüngsten Landschaften der Welt. Über ihre erdgeschichtliche Situation informiert das NaTourCentrum Lunden in einer multimedialen Ausstellung mit Touchscreen-Monitoren. Nach der interaktiven Informationsschau offenbart sich den Besuchern auch der Außenbereich des Naturerlebnisraumes »Lundener Niederung« im Wanderpark der Gemeinde auf vielfältige Weise. So kann sich jeder zunächst audiovisuell auf die Erkundung der freien Natur vorbereiten, um sie dann umso intensiver wahrzunehmen.

Vom NaTourCentrum aus geht es mit dem »Roten Faden«, einem vor Ort erhältlichen Wegführer, in den Naturerlebnisraum. Der 1,5 Kilometer lange Verbindungsweg zum Lundener Moor geleitet zunächst durch das Gehölz auf einer Düne, dann geht es entlang des Grünen Wegs zum »Reich der Sinne« mit einigen Überraschungen für die Besucher. Das Moor selbst lädt zu einer Entdeckungstour durch Moorreste, Erlenwälder, Röhrichte, Grünland, Weiher und Tümpel ein. Auf einer Strecke von zwei Kilometern gibt es an elf Stationen noch mehr Interessantes und Geheimnisvolles zu entdecken.

Das Naturschutzgebiet Lundener Niederung ist auch für Wiesen- und Zugvögel von großer Bedeutung. Hier leben unter anderem Habicht, Graugans, Rohrdommel, Zwergtaucher, Tüpfelsumpfhuhn, Wachtelkönig, Bekassine, Uferschnepfe, Kornweihe und Goldregenpfeifer. Auch Amphibien und Fischotter finden einen idealen Lebensraum vor.

NaTourCentrum Lunden · Wilhelmstraße 18 · 25774 Lunden ·
Tel. 04882 1425 · www.echt-eider.de

73 Erstaunliche Reaktionen im Glas

Eine besondere Grog-Spezialität wurde an der schleswig-holsteinischen Westküste erfunden. Die Sache sieht an sich ganz einfach aus, doch wer es wirklich hinbekommen will, kommt am besten zu Bruno Bahnsen in Wesselburen. In seiner Eiergrog-Stuuv bietet er auch Seminare an.

Die Eiergrog-Stuuv »De ole Dischlerie« war früher einmal eine Tischlerei. Heute kultiviert Inhaber Bahnsen ein ganz anderes Handwerk. Es ist schon eine Kunst, die Schaumhaube auf dem dampfenden Getränk fest und ansehnlich hinzubekommen. Bei den Rezeptvarianten, die im Internet zu finden sind, kann der Dithmarscher nur den Kopf schütteln: »Da schlackert man ja mit den Ohren.« Also zeigt er seinen Gästen, wie man das norddeutsche Original zubereitet und was dabei besonders zu beachten ist. Immer wieder freut es Bahnsen, wenn die Teilnehmer staunen »über die Reaktionen im Glas, wenn sich Rum und Wasser mit dem Eierschaum vereinen«. Von ihm persönlich erfahren sie auch allerlei Wissenswertes rund um das Getränk. Das Resultat des Seminars wird dann natürlich in lustiger Runde getrunken, zum erfolgreichen Abschluss gibt es ein Diplom. Die Veranstaltungen in »De ole Dischlerie« sind nach seiner Einschätzung die ersten und einzigen dieser Art.

Begleitet wird das rund zweistündige Event von Döntjes, also lustigen Geschichten, und musikalischer Unterhaltung mit eigenem Eiergrog-Lied, »Comedy achtern Diek«. Sie ist der Höhepunkt der Wesselburen-Tour, bei der es auch zu Sehenswürdigkeiten geht. Doch genauso sind die Eiergrogseminare einzeln buchbar (Gruppen ab zehn Personen, Termine siehe Webseite oder auf Anfrage). Die gemütliche Eiergrog-Stuuv bietet sich auch für eine Ruhepause bei einem typisch norddeutschen Grog, Wesselburener Eiergrog, einer Tasse Tee oder Kaffee und Kuchen an. In der hauseigenen Werkstatt der alten Tischlerei, die sich einst in diesem Gebäude befand, sind auch Dithmarscher Kunsthandwerk und regionale Spezialitäten erhältlich – zum Beispiel Tiffanyarbeiten von Lehnchen Eggers aus Heide.

Eiergrog-Stuuv »De ole Dischlerie« · Dohrnstraße 26 · 25764 Wesselburen · Tel. 04833 42 97 44 · Mobil 0151 67 21 03 90 · E-Mail: info@eiergrogseminar.de · www.eiergrogseminar.de

Bruno Bahnsen erklärt, wie man eine schöne Schaumhaube hinbekommt.
Auch die Zutaten und das Zubehör müssen stimmen.

Von außen kennt sie jeder, aber wie es wohl innen aussieht?

Einen Windpark verstehen

74

In Dithmarschen, Nachbar des Landkreises Nordfriesland, stehen jede Menge Windräder. Die Ferienregion Wesselburen nutzt dies und ermöglicht Führungen in einer Anlage. Bei der Technologie machte der Landkreis in den 1980ern den Anfang mit dem »GROWIAN« nahe Marne.

Der Onshore-Windpark in der Gemeinde Süderdeich umfasst sieben Anlagen, die zusammen rund 35 Millionen Kilowattstunden pro Jahr produzieren. Mit dieser Menge an Strom lassen sich 10 000 Haushalte versorgen. Wer mehr über die technischen und ökologischen Hintergründe der Windkrafträder und der dazugehörigen Photovoltaikanlage erfahren möchte, kann an einer Führung teilnehmen, die der regionale Tourismusverein kostenlos anbietet. Dabei darf man auch einen Blick in den Turm mit der großen Schaltzentrale werfen. Feriengäste und Einheimische sind herzlich willkommen, bei den Führungen unter dem Motto »aus Wind und Sonne entsteht Wat(t)« dabei zu sein. Es werden auch die Hintergründe eines modernen Windparks erklärt und man erfährt, was er für die Arbeitsplätze in der Region bedeutet. Zu finden ist der Windpark über die Autobahn A23 bis Heide-West, dort auf die B203, am Kreisverkehr kurz vor Büsum rechts in Richtung Wesselburen abbiegen und der Landstraße noch ca. vier Kilometer bis Süderdeich folgen.

Wie so oft ruft das Thema Windkraft auch Kritiker auf den Plan, zumal inzwischen schon halb Dithmarschen voller Windräder steht, so wirkt es zumindest. So hatte der zuständige Kreisverband von Bündnis 90/Die Grünen schon 2008 kommentiert, dass »Dithmarschen nicht das regenerative Feigenblatt des Landes ist, hinter dem sich alles unterbringen lässt, was der Rest des Landes nicht haben will«. Zu dem Zeitpunkt waren hier rund 800 Anlagen installiert. Der Landkreis gilt als die Wiege der Windenergienutzung in Deutschland. Bereits 1983 wurde im Kaiser-Wilhelm-Koog bei Marne die erste Große Windkraftanlage (GROWIAN) errichtet, um die Technologie zu erproben. Lange Zeit war es die weltweit größte Windkraftanlage.

Tourismusverein Wesselburen · Am Markt 5 · 25764 Wesselburen · Tel. 04833 41 01 · www.nordseebucht.de · www.wesselburen-ferien.de

75

Verneigung vor kugelrundem Gemüse

Wesselburen ist das Zentrum der »Kohlkammer Deutschlands«. Der zugehörige Landkreis produziert jährlich rund 80 Millionen Kohlköpfe. Grund genug, es mit einem Museum samt Bauernmarkt zu würdigen. Spezielles erfahren Besucher in der Krautwerkstatt.

Es war einmal eine Sauerkrautfabrik. Der schmucke Bau aus der Gründerzeit mit filigranen Rundbogenfenstern steht mitten in der Ortschaft. Er wurde im Jahr 1865 errichtet, ursprünglich zur Zuckerproduktion. Nach ihrer Stilllegung verwandelte sich die alte Fabrik in das »Kohlosseum«, ein Museum rund um den Kohl mit Informationszentrum und Bauernmarkt. Bei dem Rundgang gerät man ins Staunen darüber, was alles in dem Gemüse steckt, das sich sogar zu »Schönheitsmachern« verarbeiten lässt. Die Ausstellung informiert über die geschichtlichen Hintergründe des Kohls, seine Anpflanzung und Verarbeitung. Dabei wird besonders auf die Herstellung von Sauerkraut eingegangen. In der Krautwerkstatt weiht Krautmeister Hubert Nickels, langjähriger Mitarbeiter der Wesselburener Fabrik in die Geheimnisse ein und führt vor, wie ein Bio-Natursauerkraut in Handarbeit hergestellt wird.

▶ Bei den alljährlichen »Dithmarscher Kohltagen« wird kräftig gefeiert (www.dithmarscher-kohltage.de).

Das Obergeschoss des Gebäudes beherbergt auf seinem riesigen Dachboden eine Ausstellung zur Kohlregion Dithmarschen. Gezeigt werden neben historischen landwirtschaftlichen Geräten unter anderem auch eine Kücheneinrichtung und ein kleines Klassenzimmer von anno dazumal. Im Erdgeschoss können Besucher auf dem hauseigenen Bauernmarkt einkaufen. Es gibt dort eine große Auswahl an Kohlprodukten, darunter auch Sauerkrautschnaps und Pflegeprodukte auf Kohlbasis. Außerdem sind schöne Mitbringsel aus der Region zu finden. In den ehemaligen Fabrikhallen findet auch regelmäßig ein Antik- und Flohmarkt statt.

Kohlosseum Wesselburen · Bahnhofstraße 22 a · 25764 Wesselburen · Tel. 04833 45 89 0 · www.kohlosseum.de

Unter dem Dach erfährt man Hintergründiges und im Erdgeschoss lädt ein Bauernmarkt dazu ein, die Vielfalt des Kohls zu entdecken.

Mitunter muss man mit dem Baden warten, bis die Nordsee wiederkommt, doch auch bei Ebbe ist es schön am Koog. Besonders im Frühjahr, wenn die Lämmer da sind.

Sonnenbad zwischen Schafen

76

Einen ganz anderen Charme als Sandstrand hat die herbe Landschaft der Köge. Ganz versteckt liegt dort ein Platz, an dem auch Badegäste sie besonders genießen können, ohne Kurtaxe und dennoch mit Dusche, Strandkörben und besonders lauschigen Übernachtungsmöglichkeiten in der Nähe.

Fernab der Ferienstrände von Büsum und Sankt Peter-Ording führt ein Sträßlein durch die grüne Weite des Landkreises Dithmarschen. Im Weiler Westerkoog, wenige Häuser kurz vor dem Deich, finden Ruhesuchende Ferienwohnungen und eine ganz besondere Badestelle. Auf der Wiese, zwischen Schafen, breitet man seine Decke aus, eine steinerne Furt bildet den Zugang zum Wattenmeer. Dazu eine schlichte Dusche und im Sommer einige Strandkörbe, mehr braucht es nicht zum Glücklichsein. Und wenn sich das Meer in Richtung Horizont zurückgezogen hat, lädt der Blick über die Idylle der Köge zum Träumen ein. Wer gleich eine ganze Weile einfach mal weg sein möchte, kann auch sein Zelt oder Wohnmobil auf dem kleinen Campingplatz Alter Seedeich aufstellen.

An der schleswig-holsteinischen Nordseeküste begegnet man der Endung »-koog« besonders häufig. So heißt hier flaches Marschland, das dem Meer durch Deichbau und Entwässerung abgerungen wurde. Im Laufe der Jahrhunderte entstanden hier auf diese Weise mehr als 230 Köge. Die ältesten befinden sich auf der Halbinsel Eiderstedt – sie stammen aus dem 11. Jahrhundert. Noch in den 1950er-Jahren legte man Köge aus wirtschaftlichen Gründen zur Landgewinnung an. Seitdem steht der Küstenschutz im Vordergrund. Ein Koog liegt häufig niedriger als der Wasserspiegel der angrenzenden Gewässer. Daher sind hier laufend Entwässerungsmaßnahmen erforderlich. Dazu dienen Vorfluter, Siele, Schöpfwerke und Wasserpumpen. Der Begriff Koog bedeutet heute »eingedeichtes Land«. Ursprünglich schrieb man ihn mit nur einem ›o‹. Das Wort Kog besagt »hohes Land vor dem Deich«. In anderen Regionen, etwa Ostfriesland, sagt man Polder oder Groden

Badestelle Westerkoog · Westerkoog 10 · 25761 Wesselburen · www.echt-dithmarschen.de · **Camping** · www.alterseedeich.de

77 In der Hauptstadt der Krabben

Seinen inoffiziellen Beinamen hat Büsum, der Hafenort im Kreis Dithmarschen, aus gutem Grund. Eine der größten Krabbenkutter-Flotten Schleswig-Holsteins ist hier zu Hause. Auf einem fischereigeschichtlichen Spaziergang erfahren Besucher Hintergründiges. Er führt zu einem lohnenswerten Museum.

Warum die Nordseegarnele auf dem Brötchen Krabbe heißt, während die echte Nordseekrabbe wie ein Krebs aussieht, bleibt wohl ein Rätsel. Tatsache ist, wer hier an der Küste von Krabben spricht, der meint meist jene kleinen Tierchen, die wahre Gourmets frisch vom Kutter kaufen und dann selbst pulen. Brötchen mit Büsumer Krabben zeichnen einen guten Fischimbiss aus. Vor Ort informiert das »museum am meer« über den Alltag der Küstenfischer und die Krabbenverarbeitung. Es gewährt auch Blicke auf die Krabbensiebanlage im Hafen und macht eine virtuelle Fahrt auf einem Krabbenkutter möglich. Draußen führt ein fischereigeschichtlicher Spaziergang vom Leuchtturm zum Museum. Auf Schautafeln werden Themen wie die Geschichte des Krabbenfangs, die Boote und Gerätschaften der Krabbenfischer und Ähnliches erklärt. Einige der Büsumer Kutter nehmen auch Gäste zu Krabbenfangfahrten mit. Dies ist auch in anderen Nordseehäfen möglich, etwa auf den Inseln Amrum und Föhr. Dabei werden die Krabben noch an Bord gekocht und von der Schale befreit. Wer selbst pulen möchte wie ein Profi, kann im Kanalpackhaus von Tönning einen Kurs besuchen (siehe Kapitel 61).

Büsum hat obendrein einen sehenswerten Museumshafen. Hier liegen ganzjährig schmuck restaurierte, vereinseigene Schiffe wie die Gaffelkutter »Margaretha« und »Fahrewohl« sowie der alte Seenotretter »Rickmer Bock«. Rund um den Ankerplatz sind außerdem noch viele weitere Relikte aus früheren Zeiten zu entdecken, etwa ein altes Molenfeuer, der erste hölzerne Büsumer Leuchtturm von 1878 als Nachbau, die Schottschen Karren, mit denen einst die Fische und Krabben transportiert wurden, der alte Hafenlastenkran und andere Dinge.

museum am meer · Am Fischereihafen 19 · 25761 Büsum ·
Tel. 04834 67 34 · www.museum-am-meer.de

Der Büsumer Hafen bietet genauso viel für das Auge wie für den Gaumen – ein Tierchen steht dabei immer im Mittelpunkt.

Ein liebevoll geschmücktes Boot bei der Kutterregatta in Büsüm.

78 Die Büsumer Kutterregatta

Es geht um das begehrte »Blaue Band von Büsum«. Seit dem 19. Jahrhundert fahren hier die Fischkutter um die Wette, 2017 war es das 114. Mal. Nach dem Start kämpfen sich alle mit hoher Bugwelle durch die aufgewühlte Nordsee. Mit äußerster Kraft voraus wird die sieben Kilometer lange Regattastrecke hin und zurück bewältigt. Seit 2012 begleitet eine dreitägige Veranstaltung das Rennen mit Live Musik, Open Ship, Kulinarischer Meile, Karussells, Feuerwerk und vielem mehr. Am ersten Tag sorgt außerdem noch eine andere Regatta für großes Hallo: Mit aus Papier gebauten Booten wird im Hafenbecken 2 um die Wette gerudert.

www.regattaverein-buesum.de · www.buesum-portal.de · jedes Jahr im Sommer

79 Familienlagune statt Hochhauskultur

Zum Krabbenfuttern kommen – unbedingt, aber an den Strand gehen? So manche Sonnenanbeter machten eine Kurve um den Hafenort mit dem dominierenden Hochhaus. Dabei wurde Büsum doch ab 2013 einer Schönheitskur unterzogen und kann nun stolz die »Familienlagune Perlebucht« vorweisen. Gegenüber vom grünen Strand liegt nun eine Insel mit Dünenlandschaft, windgeschützten Strandbereichen und einer Vegetation, die an Salzwiesen erinnert. Die geschützte Lagune unterteilt sich in ein Bade- und ein Wassersportbecken mit insgesamt rund 100 000 Quadratmetern. Rundherum gibt es alles, was man am Strand so braucht, bis hin zur großen Lagerfeuerstelle und dem Bistro Laguna am Seebrückenkopf.

Tourismus Marketing Service Büsum GmbH · Südstrand 11 · 25761 Büsum · Tel. 04834 90 90 · www.buesum.de · www.bistro-laguna-buesum.de

Beim Wettrennen zeigen die Kutter, was in ihnen steckt.
Bei Ebbe kann man in der Perlebucht das Watt erkunden.

80

Buntes Farbenmeer an der Nordsee

Der Leuchtturm der Krabbenstadt strahlt nun noch prächtiger als sonst. Farbspiele verwandeln den Rathauspark in eine märchenhafte Kulisse und der Museumshafen funkelt über das Meer. Die alljährliche Büsumer Lichterwoche ist eine feste Größe geworden, seit man sie 2013 ins Leben rief. Damals wurde der Leuchtturm zum 100-jährigen Jubiläum in ein buntes Farbenmeer getaucht. Daraus entwickelte sich ein Highlight, das längst auch andere bedeutsame Plätze einschließt. Die kleinen Gäste können vorher im Mini-Maxi-Club selbst eine Laterne, Windlichter oder Lichterketten basteln und damit zum Kunstwerk beitragen.

Büsumer Lichterwoche ·
www.buesum.de

81

Gaumenfreuden nach Dithmarscher Halali

Bei Nordsee denkt man an Meer und Matjes, eher aber nicht an Wildschwein oder Reh. Doch ab Oktober ist auch in Dithmarschen Herbst. Und so einige Küchenchefs gehen nun selbst auf die Jagd. Bei den jährlichen Dithmarscher Wildwochen zeigen etliche Restaurants im Landkreis, was sie noch so alles können. Jetzt stehen zum Beispiel auch Reh, Fasan, Hase oder Wildente aus den Revieren des nördlichsten Bundeslandes auf der Speisekarte. Veranstalter des kulinarischen Reigens sind die Kreisjägerschaften Dithmarschen Nord und Süd sowie der DEHOGA Kreisverband Dithmarschen. Auch ein zünftiges Rahmenprogramm wird geboten, und Interessierte können mehr über das Waidmännische im hohen Norden erfahren.

DEHOGA Kreisverband Dithmarschen · Kreisvorsitzender Peter Bartsch ·
Tel. 0481 62 12 2 · www.dehoga-dithmarschen.de

Auch das Rathaus wirkt märchenhaft im Lichterglanz.
Doch, auch das geht an der Nordsee: Mal kein Fisch, sondern Zünftiges.

82 Endlich auch Deiche und Siele verstehen

Mit Jahrhundertfluten hatten die Dithmarscher genauso wie die Friesen wiederholt zu kämpfen. Überall an der Nordseeküste wusste man dem gefürchteten »Blanken Hans« mit Erfindergeist zu begegnen. Über die Entwicklung berichten Freilichtmuseen in beiden Landkreisen.

Ohne die Deiche sähe die Nordseeküste heute anders aus. An mindestens zwei Orten kann man mehr über die Künstenschutzkonstrukte erfahren, etwa im Büsumer Freilicht-Deichmuseum. Es liegt an der Mittelweide, am Rand des Hafenstädtchens. Vom Parkplatz »P1« in Büsum leitet der Weg direkt dorthin, es sind nur rund 200 Meter. So geht es in die Deichgeschichte der Westküste vom Jahr 1200 bis ins 21. Jahrhundert. Dies veranschaulichen drei rekonstruierte Deiche aus den Zeiten um 1200, 1600 und 1800. So ist zu erleben, wie unterschiedlich diese Küstenschutzkonstrukte zur jeweiligen Zeit waren. Schautafeln informieren rund um das Thema Deich. Man erfährt dabei unter anderem, wie Deiche entstanden sind und weiterentwickelt wurden und welche verschiedenen Deichprofile es gibt. Zwischen den Küstenschutzkonstrukten laden Picknickbänke zur Rast ein. Es ist zu jeder Jahreszeit ein schönes Ausflugsziel – auch für Familien.

Nahe der deutsch-dänischen Grenze befindet sich das Deich- und Sielmuseum von Neukirchen. Auch hier sind unter freiem Himmel die verschiedenen Deichprofile in Originalgröße zu sehen. Schaukästen erklären die jeweiligen Bauweisen und ihre Entwicklung. Dabei geht es speziell um die regionale Deichbaugeschichte des ehemaligen Verwaltungsbezirks Wiedingharde.

»Blanker Hans« steht bildhaft für die tobende Nordsee bei Sturmfluten, wobei sich ›blank‹ von der weiß schäumenden Gischt ableiten könnte. Einer anderen Deutung zufolge ist es im Sinne von ›entblößt‹ zu verstehen und bezeichnet, verbunden mit dem Allerweltsnamen Hans, »etwas Nacktes und gänzlich Durchschnittliches«. Bekannt wurde der Ausdruck durch die Ballade »Trutz, blanke Hans« des Kieler Dichters Detlev von Liliencron (1844–1909).

Büsumer Freilicht-Deichmuseum · Mittelweide · 25761 Büsum · www.buesum.de · **Deich- und Sielmuseum Neukirchen** · am Osterdeich · www.neukirchen-nordfriesland.de

Die rekonstruierten Deiche sind ganzjährig begehbar und Schautafeln informieren über die Geschichte der Küstenschutzkonstrukte.

83 Ein Dom als Versammlungsstätte

Ein braun-weißes Schild an der Autobahn verkündet es stolz: Das Städtchen Meldorf hat einen Dom. Der spielte zu Zeiten der Bauernrepublik Dithmarschen eine zentrale Rolle. Daran erinnern prachtvolle Gewölbefresken aus dem Mittelalter, die noch heute beeindrucken.

Genau genommen handelt es sich um die Sankt-Johannis-Kirche. Aufgrund seiner monumentalen Wucht lässt sich der Sakralbau, obendrein der bedeutendste an der schleswig-holsteinischen Nordseeküste, durchaus als Dom bezeichnen. Während der Quasi-Bauernrepublik (siehe Kapitel 71) diente er als Versammlungsstätte, in der politische Entscheidungen getroffen wurden.

Einen frühmittelalterlichen Vorgängerbau gab es bereits ab 810 an diesem Platz. Die Sankt-Johannis-Kirche entstand zwischen 1250 und 1300 als dreischiffige Basilika, mit einem dreijochigen Querhaus und einem platt geschlossenen Chor. Sie wurde bei einem großen Brand im Jahr 1866 stark beschädigt. Daraufhin errichtete man den Turm mit seiner heutigen Höhe von 59 Metern erneut. Das äußere Erscheinungsbild der Kirche im neugotischen Stil stammt aus dem späten 19. Jahrhundert. Die mittelalterliche Gestaltung des Innenraums konnte in ihrer Pracht weitgehend erhalten bleiben. Eindrucksvoll sind die Gewölbefresken mit biblischen Motiven und Heiligenbildern aus dem 13. Jahrhundert, die vom Reichtum der Bauernrepublik Dithmarschen berichten. Der Passionsaltar von 1520 ist mit farbenprächtigen und vergoldeten Figuren verziert. Das große bronzene Taufbecken (um 1300) stammt aus der Gründungsphase der Kirche. Der Meldorfer Dom diente früher auch als Seezeichen. Das Städtchen mit seinen knapp 8000 Einwohnern lag einmal direkt an der Nordseeküste, auf einer Geestinsel im Wattenmeer. Durch Landgewinnung ist es rund sechs Kilometer weit ins Binnenland gerückt.

▶ **Besonders eindrucksvoll ist der Dom bei den Sommerkonzerten. Informationen und Termine gibt es bei der Touristinformation Meldorf.**

Meldorfer Dom · Sankt-Johannis-Kirche · Nordermarkt · 25704 Meldorf · www.meldorf-urlaub.de

Das äußere Erscheinungsbild des Doms ist vom neugotischen Stil geprägt.
Den Passionsaltar zieren farbenprächtige und vergoldete Figuren.

84 Goldschatz unter der Bankfiliale

Er gilt als einer der bedeutendsten Schatzfunde in Schleswig-Holstein und wurde in Meldorf ausgegraben. Rund 700 Jahre lang ruhten die 61 Goldmünzen in einem Keramikgefäß, bis man sie am 2. Juni 1955 bei Tiefbauarbeiten auf dem Grundstück der Schleswig-Holsteinischen Westbank (heute Hypo Vereinsbank) in rund einem Meter Tiefe entdeckte. Jedoch war der Goldschatz kein Eigentum der Stadt Meldorf: Das Land Schleswig-Holstein besaß ein Vorkaufsrecht und übergab die Münzen Anfang 1957 an das damals noch im Aufbau befindliche Schleswig-Holsteinische Landesmuseum Schloss Gottorf, wo er nun dauerhaft ausgestellt ist

www.dithmarschen.de ·
www.schloss-gottorf.de

85 Im Löffelarium von Peter Möller

Ein Löffel ist weitaus mehr als ein Essbesteck und verleitet zu Poesie. Das erkannte Peter Möller. Der Gold- und Silberschmied machte seine private Sammlung der Öffentlichkeit zugänglich. Dazu hält man am Markt von Meldorf Ausschau nach einem einladenden Schild. Im Kellergewölbe der Domgoldschmiede können Besucher die Vielfalt und Ästhetik alter Silberlöffel bewundern. In der hintersten Wand fällt ein großer Einlass auf. Hier befand sich der Tresor von Carsten Niebuhr, Orientforscher und Kartograph in Diensten des dänischen Königs Frederik V. und ab 1778 königlich-dänischer Landschreiber von Meldorf. Er ließ das Haus errichten. Auch der Mineralienkeller versetzt ins Staunen.

Domgoldschmiede zu Meldorf · Nordermarkt 9 · 25704 Meldorf ·
Tel. 04832 13 29 · www.domgoldschmiede.de

Ausgestellt sind die Münzen im Schleswig-Holsteinischen Landesmuseum Schloss Gottorf.
Die Vielfalt und Ästhetik alter Silberlöffel verleitete auch zu poetischen Zeilen.

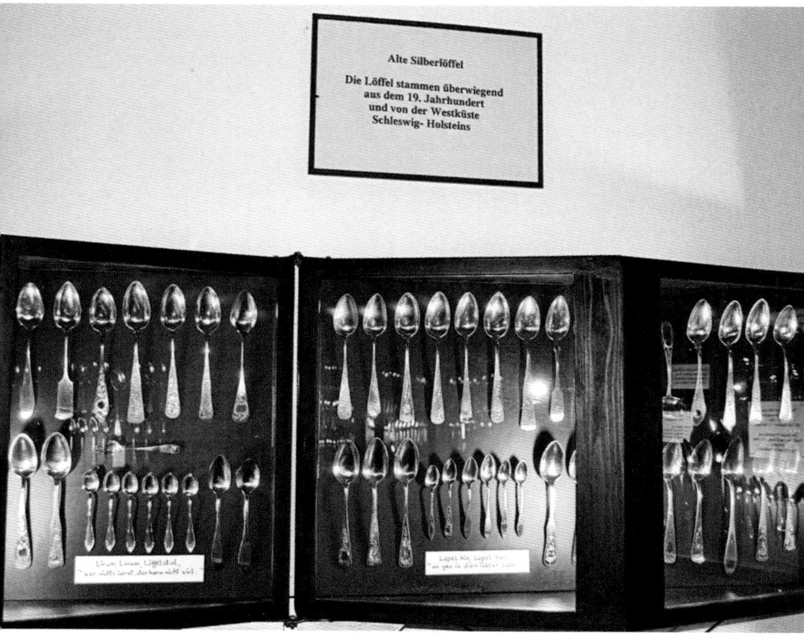

In der Seehundstation können Besucher sich den Tieren nähern.
Auch wenn sie niedlich aussehen: Falsche Fürsorge hilft den Robben nicht.

Nicht unbedingt traurige Seehunde

86

Selbst Hartgesottenen fällt es schwer, doch für die Tiere ist es das einzig Richtige: Wer ein heulendes Robbenjunges verlassen am Strand vorfindet, das einen noch dazu mit großen Augen ansieht, muss es unbedingt liegen lassen. Jetzt gilt es vielmehr Abstand zu halten und es den Profis zu melden

Es tröstet der Gedanke, dass die Laute eines Heulers – anders, als der inoffizielle Name vermuten lässt – keineswegs Weinen bedeuten. Vielmehr handelt es sich um die normalen Kontaktlaute des Jungtieres, dessen Mutter womöglich schon bald wieder auftaucht. Und doch kann jeder etwas tun und zwar den Seehundjäger, Naturschützer oder auch die Polizei informieren. Nur Experten können einschätzen, ob das Tier wirklich Hilfe benötigt und sie auf förderliche Weise leisten.

Als Heuler werden auch wenige Wochen alte Robbenjunge bezeichnet, die dauerhaft von der Mutter getrennt sind. An der schleswig-holsteinischen Küste kommen solche Tiere nach Friedrichskoog. Die 1985 gegründete Seehundstation ist hier die einzige autorisierte Aufnahmestelle für verlassen oder erkrankt aufgefundene Robben. Die nächste gibt es an der Nordsee erst wieder in der ostfriesischen Stadt Norden. Die Heuler sind von Besuchern abgeschirmt, damit sie möglichst problemlos wieder ausgewildert werden können. Den Seehunden und Kegelrobben, bei denen dies nicht mehr möglich ist oder die in Gefangenschaft geboren wurden, darf man sich nähern. Eine Ausstellung informiert über die Biologie und Gefährdungen der Tiere sowie Schutzmaßnahmen im Lebensraum Wattenmeer. An einer interaktiven Erlebnisstation sind die Rufe der Heuler zu hören. Über die Webseite kann sich jeder über aktuelle Heuler-Funde informieren, Pate eines Jungtieres werden oder Namensvorschläge für die Neuzugänge machen.

► **In der Seehundstation gibt es regelmäßig auch Mitmachangebote wie »Müllbasteln« oder einen »Aktionstag Meeresverschmutzung«.**

Seehundstation Friedrichskoog e. V. · An der Seeschleuse 4 · 25718 Friedrichskoog · Tel. 04854 13 72 · www.seehundstation-friedrichskoog.de

87 Das Burger Museum

Nein, mit Fastfood hat dies nichts zu tun. Vielmehr hat Burg in Dithmarschen ein spannendes Museum: Landapotheke, Gewerbe und Schifffahrt unter einem Dach machen die Vergangenheit hautnah erlebbar. Dabei erfährt man auch, wie Zahnärzte damals bohren mussten.

Die Schifffahrt hat in der Gemeinde eine lange Tradition. Es begann im 18. Jahrhundert mit der Torfschifffahrt. Die historische Entwicklung bis hin zum modernen Containerschiff lebt im Burger Museum auf, lückenlos dokumentiert anhand von 80 historischen Bilddokumenten. Das älteste Burger Schiff ist der 1871 vor Ort gefundene 2500 Jahre alte Einbaum, eine Leihgabe des Archäologischen Museums im Schloss Gottorf. Etwas Besonderes ist auch die Original-Kapitänskajüte eines Kümos von 1932: In der Werft von Peter Eberhardt in Arnis an der Schlei lag jahrelang ein ehemaliges holländisches Binnen-Frachtschiff als Baggerfahrzeug an der Pier. Einst waren die Burger Kapitäne hier gute Kunden und ließen ihre Schiffe teils hier im Winterlager überholen. Der Werftchef dankte es der Stadt Burg und schenkte dem Museum die Einrichtung des 1931 gebauten Oldtimers, kurz bevor er abgewrackt wurde. Die Kajüte baute man eigenhändig ab und in dem Ausstellungsraum originalgetreu wieder auf. Begleitet von den Geräuschen eines alten Schiffdiesels kann man echter Schifffahrtsromantik fröhnen. Zudem gibt es einen Uhrmacher, einen Frisör, eine Sattlerei, den Kaufmann und einen Zahnarzt. Letzterer hat neben der alten Landapotheke, die ebenfalls zu besichtigen ist, seine Praxis ›eröffnet‹. Es handelt sich um eine Zahnarztpraxis aus den 1920er-Jahren aus dem Nachlass von Dr. med. dent. Bruno Deppe aus Burg, die noch mit einem fußbetriebenen Bohrer ausgestattet ist. Der schwere eiserne Behandlungsstuhl lässt sich zusammenklappen und war bei Hausbesuchen in die ländliche Umgebung dabei.

► In Burg gibt es auch ein kleines Freilichttheater. Veranstaltungen werden auf der Webseite der Stadt angekündigt.

Burger Museum · Große Mühlenstraße 6 · 25712 Burg · Tel. 04825 90 22 00 · www.burger-museum.de · Auf Wunsch große Museumsführung (90 Minuten) · www.burg-dithmarschen.de

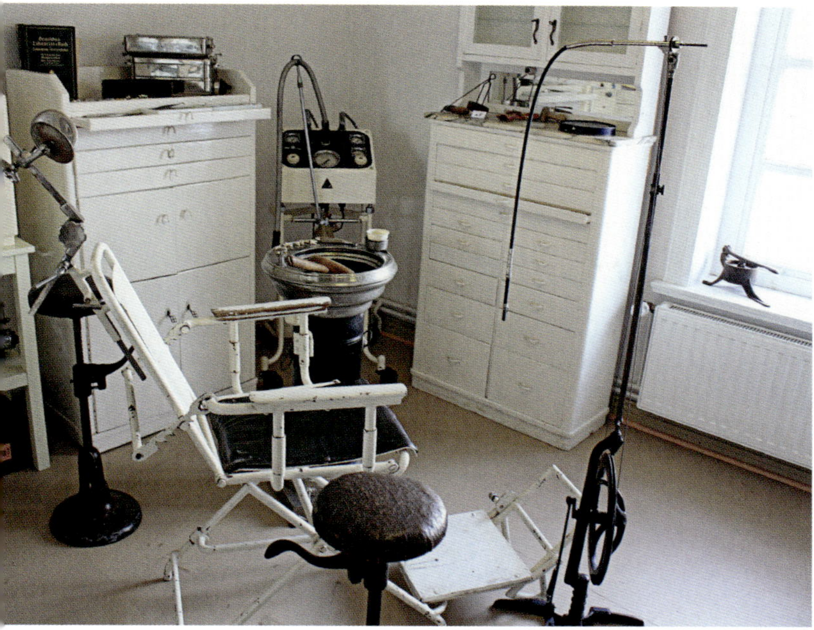

Die historische Zahnarztpraxis ist noch mit einem fußbetriebenen Bohrer ausgestattet.
Etwas Besonderes ist die Original-Kapitänskajüte eines Kümos von 1932.

Am Rosenmontag ist Marne nicht mehr wiederzuerkennen.

»Mar'n hol fast!« gegen den tierischen Ernst

88

Was einem am Rhein keiner glauben würde ist wirklich wahr. Auch der Norden hat eine Karnevalshochburg: das Städtchen Marne. Sogar einen eigenen Narrenruf brachte die regionale Tradition hervor. Die stürmische Weiberfastnacht verlegte man auf den Rosenmontag.

Was die Rheinländer so treiben, können die Dithmarscher mindestens genauso gut. Das beweist das Städtchen an der Elbmündung schon seit den 1950er-Jahren. Es gibt nur einen kleinen Unterschied: Hier lautet der Narrenruf nicht »Helau« oder »Allaaf«, sondern »Marn hol fast!«. Am Rosenmontag herrscht in Marne genauso Ausnahmezustand wie in den Karnevalshochburgen am Rhein. Tausende von Narren aus dem ganzen Land tanzen ausgelassen auf den Straßen und »Karmelle« fliegen natürlich auch. Insgesamt kommen bis zu 20 000 Besucher jährlich. Der bunte Umzug durch die Innenstadt ist der einzige in Schleswig-Holstein. Mit mehr als 50 Wagen und reichlich Fußvolk zählt er außerdem zu den größten Karnevalsumzügen im ganzen Norden.

▶ Im Zentrum von Marne erinnert die Elster mit Hasenmaske an eine sagenhafte Linde. Die Brunnenfigur kann sogar zwitschern (www.marne-ferien.de).

Traditionell gehört auch in Marne zunächst die Erstürmung des Rathauses dazu, anschließend setzen sich die aufwändig geschmückten Wagen in Bewegung. Beides passiert hier traditionell am Rosenmontag. Das also ist anders als am Rhein, wo das Amtsgebäude zur Weiberfastnacht dran glauben muss. Fast hätte der tierische Ernst in dem Städtchen doch wieder dauerhaft Einzug gehalten. Von 1969 bis 1977 fiel der Karneval aus. Das ließ sich der Rosenmontagsausschuss nicht gefallen. Er formierte sich neu und seither geht es in Marne wieder Jahr für Jahr bunt zu. Wer aus Norddeutschland kommt und die tollen Tage feiern möchte, braucht also keineswegs nach Köln zu fahren. In Marne braucht sich auch niemand in Verkleidung außerirdisch zu fühlen.

www.marnholfast.de

89

Wo Grönemeyer über den Marktplatz grölte

Größer als dieser ist keiner in Deutschland: Das Städtchen Heide hält ganz klar den Rekord bei den Marktplätzen. Das gefiel einem bekannten Musiker. So war hier auch schon ganz anderes los als der traditionelle Wochenmarkt. Auch im Mittelalter wusste man den Platz geschickt zu nutzen.

Nach monatelangen Vorbereitungen war es im November 2015 soweit. Vor rund 16 000 Zuschauern gab Herbert Grönemeyer ein fast dreistündiges Konzert und begeisterte das Heider Publikum. Zufrieden waren auch die Organisatoren sowie die beteiligten Einsatzkräfte. Das Konzert habe gezeigt, wie gut sich der Marktplatz für Großveranstaltungen die-

Größere und kleinere Veranstaltungen finden hier einen würdigen Rahmen.

ser Art eignet. Die einstimmig positive Bilanz des Grönemeyer-Konzertes: Der »Marktplatz bietet großartiges Potenzial!«. Der Marktplatz liegt mitten im Herzen der Stadt Heide. Er ist der größte seiner Art in Deutschland, das Maß seiner unbebauten Fläche beträgt rund 4,7 Hektar. Seit 2001 treffen sich die Diagonalen wieder in der Mitte des Marktes beim Kandelaber. Im Mittelalter diente der Platz, wie der Meldorfer Dom, als Tagungsort der Landesversammlung der sogenannten Freien und unabhängigen Bauernrepublik Dithmarschen. Die 48 Regenten tagten jeden Samstag, erließen Gesetze, sprachen Recht, erhoben Strafen, empfingen oder schickten Gesandtschaften. Seit mehr als 500 Jahren wird der große Platz jeden Samstag für den traditionellen Wochenmarkt genutzt. An den Wochentagen dient der Markt indes ganz unspektakulär als Parkfläche.

▶ **Nahe Heide geht es im Steinzeitpark Dithmarschen noch viel tiefer in die Vergangenheit: Eine urgeschichtliche Kulturlandschaft aus der Zeit um 3.000 v. Chr. (www.aoeza.de).**

www.heide-nordsee.de · Wochenmarkt Sa 7–13 Uhr

90

Wo man den Mädchenhering feiert

Er gehört auch im Norden Deutschlands zu jeder gut sortierten Fischbude. Weniger bekannt ist dagegen, dass das unvergleichlich zarte Heringsfilet aus den Niederlanden stammt. Zur regionalen Spezialität wurde es in Schleswig-Holstein, ganz besonders in Glückstadt. Grund genug für eine jährliche Fete.

Jan Pieter Beukelzoon ahnte wohl nicht, dass er eine Spezialität erfunden hatte, die 600 Jahre später auf zahlreichen Fischbrötchen zu finden sein sollte. Man schrieb das Jahr 1395 und der holländische Fischer legte seine gekehlten Heringe in Fässer mit Salzlake. So ließen sie sich auch über lange Strecken transportieren. Der zarte Schmelz, den die Fische dabei durch den enzymatischen Reifeprozess entwickelten, machte sie zur Delikatesse. So also kam der Norden zum Matjes. Der Name leitet sich vom holländischen Begriff »Maagdenharing« ab, was so viel wie »Mädchenhering« bedeutet, bzw. vom Wort »Meisje« für Mädchen. Denn die Fische müssen noch jungfräulich sein, um ein Matjes werden zu können. Nur dann besitzen sie den hohen Fettgehalt, der sie so besonders macht. Jedoch handelt es sich nicht um Jungtiere, denn die dürfen wegen des Bestandschutzes nicht gefangen werden. Vielmehr haben Matjes in der jeweiligen Saison noch keine Milch und keinen Rogen gebildet, können aber schon einige Jahre alt sein.

Besonders gefeiert wird die mild-salzige Spezialität in Glückstadt an der Elbe, wo die »Matjeswochen« im Juni die Saison einläuten. Die Heringsloggerei betreibt man hier bereits seit 1893. Das feiert man seit 1968: Der Höhepunkt ist die traditionelle Matjesprobe bei der viertägigen Eröffnungsveranstaltung. Zahlreiche Besucher warten dann am historischen Marktplatz darauf, dass das schwere Holzfass geöffnet wird und der erste Matjes der Saison zum Anbeißen bereit ist. Anschließend gibt es eine Matjesparty mit Livemusik, Open-Ship-Meile, Flohmarkt und Kinderprogramm. Ähnlich verhält es sich übrigens in der ostfriesischen Seehafenstadt Emden, die ganz nah an der holländischen Grenze liegt.

Matjeswochen Glücksstadt · www.matjes-wochen.de · Emder Matjestage · www.emden-touristik.de

Matjesbrötchen bekommt man zum Beispiel in dem Lokal an der Hafenspitze.

91 In Brunsbüttel Schleusenwärter spielen

Dies und noch einiges mehr geht per Simulation im neuen Schleusenmuseum Atrium. Der Besuch krönt auf informative Weise das immer wieder eindrucksvolle Schauspiel, das sich beim Ein- und Auslaufen der Ozeanriesen bietet. Im Schleusengelände gibt es dafür einige schöne Plätze.

Von der Elbmündung führt er einmal quer durch Schleswig-Holstein zur Kieler Förde und verbindet zwei Meere: der Nord-Ostsee-Kanal. Die meistbefahrene künstlich angelegte Seeschifffahrtstraße der Welt dient heute dem Warenaustausch zwischen den Ostseeanrainern und anderen Ländern weltweit. Sie bedeutet eine enorme Abkürzung, denn die Fahrt durch den Kanal erspart den Umweg um die Nordspitze Dänemarks und damit rund 250 Seemeilen.

Schon der Anblick der mächtigen Schleusen am Nord-Ostsee-Kanal lohnt einen Ausflug nach Brunsbüttel. Wie in Kiel-Holtenau besteht die Anlage aus einer kleinen Schleuse, mit einer Nutzlänge von »gerade einmal« 125 Metern (Nutzbreite: 22 Meter) sowie einer großen Schleuse, die es auf 330 Meter Nutzlänge bringt (Nutzbreite: 45 Meter). Täglich passieren rund 130 Schiffe, darunter etliche Kreuzfahrtriesen und Containerschiffe, das mehr als 100 Jahre alte Wasserbauwerk.

▶ Das Freibad Ulitzhörn liegt direkt an der Mündung des NOK. Hautnah ziehen Containerschiffe und Luxusliner vorbei; beim Schwimmen kann man den großen Pötten hinterher winken.

An einem Info-Point nahe der Hafenpromenade (auf der westlichen Kanalseite) erklären Schautafeln die Geschichte der Schleusen und des Nord-Ostsee-Kanals. Treppen führen ins Schleusengelände mit einer Aussichtsplattform an jedem Schleusenende. Auf mit Bänken ausgestatteten Spazierwegen kommt man den Schleusentoren näher. Noch mehr erfährt man im Schleusenmuseum Atrium. Ausgestellt sind Schiffs-, Landschafts- und Funktionsmodelle, technische Objekte sowie historische Exponate rund um den Nord-Ostsee-Kanal und die Schleusen. Hier kann jeder selbst einmal Schleusenwärter spielen und per Knopfdruck an einem Modell die Tore betätigen.

Tourist Information Brunsbüttel · Gustav-Meyer-Platz 2 · 25541 Brunsbüttel · Tel. 04852 39 11 86 · Mo–Fr 10–17 Uhr · www.brunsbuettel.de

Schon der Anblick der mächtigen Schleusen am Nord-Ostsee-Kanal lohnt den Besuch.
Im Schleusenmuseum erfährt man interaktiv viel über die Seeschifffahrtsstraße.

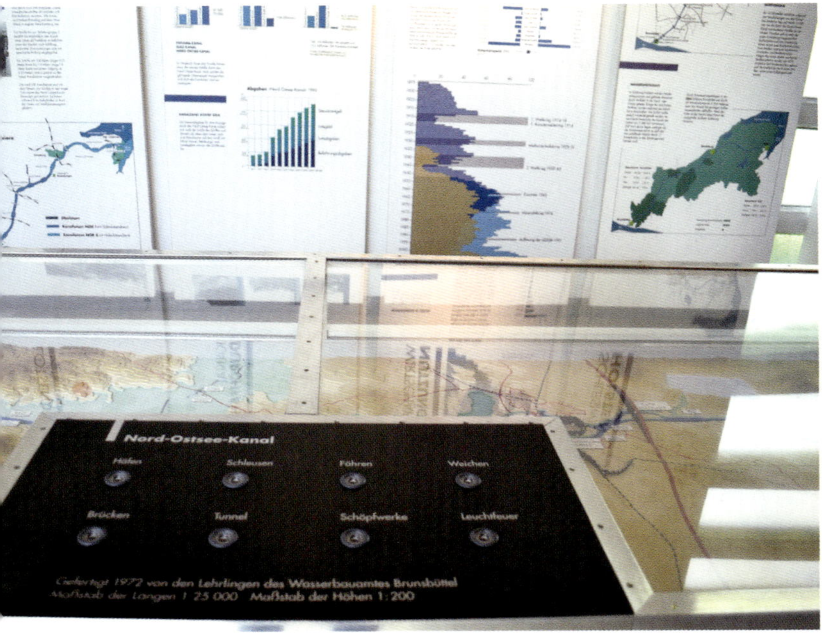

Ein großes Containerschiff fährt in die Schleuse Brunsbüttel ein.

SONDERBORG STRAIT
SONDERBORG STRAIT
ST JOHN'S

Auf dem Bild unten handelt es sich klar um Wattfußball.
Bei der Disziplin oben muss man schon rätseln.

92

Matschend Olümpisches Gold erringen

Bei der alljährlichen Olümpiade am Elbdeich in Brunsbüttel treten die Mannschaften in klassischen Sportarten gegeneinander an – und dies auf der wohl schlickigsten Fläche der Republik. Außerdem gehören spezielle Nordseedisziplinen zum Wettkampf. Bei der Planung entscheiden vor allem die Gezeiten.

Hunderte von »Wattleten« messen sich bei olümpischen Sportarten auf der Schlick-Arena der Nordsee. Die Olümpiade am Elbdeich in Brunsbüttel ist natürlich etwas anders als eine Olympiade mit Ypsilon. Doch treten die Mannschaften hier genauso auch in klassischen Sportarten wie Handball, Fußball und »Wolliball« gegeneinander an. Außerdem wird als traditionelle Küstendisziplin das Schlickschlittenrennen ausgetragen und möglichst ein neuer Rekord im »Schlick-Engeln« aufgestellt. Auch die Nordsee muss mitspielen: Beim Einlauf der Wattleten stehen die Spielfelder meist noch unter Wasser. Erst wenn die Ebbe einsetzt, können die Wettkämpfe beginnen, was die Planer natürlich einkalkulieren. Der Spaß dauert bis die Flut die Wattkampf-Arena wieder überschwemmt und das Turnier so auf natürliche Weise beendet. Pokale gibt es übrigens auch: für die lustigste Mannschaft, den lustigsten Mannschaftsnamen, den besten Fanclub und das beste Outfit. Zum Rahmenprogramm gehört das Musikfestival Wattstock jeweils am Vorabend der Wattolümpiade.

Im Jahr 2014 feierte das große Matschfest zehnjähriges Jubiläum. Es kamen rund 400 Sportler und mehr als 4000 Besucher, einige sogar extra aus Australien. Die Einnahmen kommen der Schleswig-Holsteinischen Krebsgesellschaft zugute. Wer dabei sein möchte, sollte es an Silvester nicht zu heftig krachen lassen, denn traditionell werden die Startplätze für das jeweilige Jahr mittags um Punkt 12 Uhr am Neujahrstag vergeben. Sie sind dann im Nullkommanix ausgebucht. Es dauerte 2014 nur 55 Sekunden. Wer mitsuhlen möchte, benötigt also etwas Glück bei der Anmeldung. Doch auch das Zuschauen ist ein Vergnügen und schont obendrein die Kleidung.

www.wattoluempia.de

93 Annas kurze Schwester

Helgolands Wahrzeichen kennt jeder, doch es gibt noch einen Felsen mit diesem Namen. Es handelt sich dabei um die Felsnadel zwischen der Langen Anna und dem Hochland. Die Lange Anna indes könnte auch bald eine Kurze sein, denn sie steht auf der Kippe.

Während die Lange Anna immer noch 47 Meter hoch als freistehende Felsnadel die Nordwestspitze Helgolands markiert, 25 000 Tonnen schwer und mit einer Grundfläche von 180 Quadratmetern, fällt ihr Schwesterchen weniger auf. Es ist mit dem Oberland von Helgolands verbunden und steht ungefähr 50 Meter weiter östlich. Die Kurze Anna ist auch noch jünger, sie entstand erst am 31. Januar 1976, als ein großes Felsstück abbrach. Die Verwandtschaft aber ist natürlich nicht zu übersehen; beide sind, wie die komplette hübsche Insel, aus dem roten Buntsandstein.

Die beiden ungleichen Schwestern könnten sich noch verändern, denn Helgolands schöner Bundsandstein ist porö

Doch ob die Lange Anna noch lange einen Kopf größer sein wird, ist fraglich. Unermüdlich nagen die Wellen an dem berühmten Naturdenkmal. So bangen die Helgoländer bei jedem Orkantief, ob ihr Wahrzeichen hält. Porös ist der rote Buntsandstein und daher akut vom Einsturz bedroht. Schon seit 2001 gilt der Fels als nicht mehr zu retten. Es sei denn, man leitet millionenschwere Schutzmaßnahmen ein. Experten wie Erik Pasche, Professor für Wasserbau an der TU Hamburg-Harburg, bezeichnet die Situation als »dramatisch«. Bereits eine weitere Sturmflut kann demnach zum Zusammenbruch der Langen Anna führen.

Auch andernorts an Deutschlands Küsten nehmen Steinabbrüche, bedingt durch die Witterung, zu. Für einen Aufschrei sorgte zuletzt das Ereignis an der Steilküste von Rügen, als 1600 Kubikmeter Kreide und Gestein auf den Strand stürzten; der regenreiche Sommer und frostige Temperaturen hatten den Stein brüchig werden lassen. Auch die Lange Anna musste schon einiges erleiden. Im Jahr 1865 war die Felsnadel, wie ihre kleine Schwester, mit dem Hauptfelsen der Insel verbunden. Diese Felsbrücke wurde bei einer Sturmflut abgerissen. Seither ragt der Koloss wie ein Monolith aus der See.

www.helgoland.de

94 Das Gipfelkreuz auf Helgoland

Die Idee hatten vier mutige Bergsteiger aus Itzehoe im Jahr 1998. Seither könnte jeder Alpenverein vor Neid erblassen, denn Deutschlands einzige Hochseeinsel hat den wohl einzigen erklimmbaren Gipfel mit sagenhaftem Nordseeblick. Das mutige Quartett hat »unter großen Mühen und Entbehrungen diese Erhebung der 61-Meter-Kategorie« erklommen. Sie stellten das mitgebrachte Gipfelkreuz auf und tauften die Kuppe feierlich Pinneberg, der genau genommen sogar 61,3 Meter hoch ist und damit der höchste Punkt des Landkreises. Er entstand am 18. April 1947 durch die Operation Big Bang, als die Briten Bunkeranlagen auf Helgoland sprengten.

www.helgoland.de · mit der Fähre: Katamaran ab Wedel nach Helgoland · www.helgoline.de

95 Flugunfähig und todesmutig

Was treibt einen dazu, sich von einem 50-Meter-Felsen zu stürzen, ohne funktionierende Flügel oder entsprechendes Gerät? Ganz einfach, die Rufe der Eltern – sofern man gut erzogen ist. So gehorsam sein sollte allerdings nur, wer zufällig als Trottellummenküken auf die Welt gekommen ist. Nach den Vögeln ist ein Felsen benannt, an dem sich alljährlich ein besonderes Naturereignis abspielt: der Sprung der Trottellummen von den Klippen. Die noch flugunfähigen Küken stürzen sich, angelockt von den Rufen der Eltern, vom Brutfelsen in die Tiefe. Aufgrund ihrer Konstitution überstehen sie den harten Aufprall unbeschadet. Wer zwischen Mitte und Ende Juni auf der Insel ist, kann das einmalige Naturschauspiel erleben.

Naturschutzgebiet Helgoländer Lummenfelsen · Klippenrandweg (westliche Felskante) · www.helgoland.de

Am Gipfelkreuz kann man sich im Gipfelbuch verewigen.
Noch bevor die Küken der Trottellummen fliegen können, müssen sie runter vom Felsen.

Mit dem Wattwagen geht es zur Insel Neuwerk, wo unter anderem der eckige Leuchtturm aus Backstein ein lohnendes Ziel ist.

Ein Stück Hamburg vor Cuxhaven

96

Die Hansestadt ist zwar weit weg, doch das Inselchen vor der niedersächsischen Küste gehört verwaltungsrechtlich dazu. Neuwerk ist auch ein besonders schönes Ziel für eine Wattwanderung. Wenn man schon in der Gegend ist, sollte man außerdem den Badeort auf dem Festland genießen.

Bei Ebbe ist die Insel Neuwerk auch zu Fuß erreichbar. Die Strecke beträgt ab Sahlenburg circa zehn Kilometer (mindestens drei Stunden Gehzeit) und ab Duhnen zwölf Kilometer (3,5 Stunden). Aus Sicherheitsgründen sollte man sich dabei immer einem erfahrenen Wattführer anschließen. Eine bequeme Alternative ist die Fahrt mit dem Wattwagen – einer Pferdekutsche – oder der Fähre Flipper, die gezeitenbedingt meist nur einmal täglich verkehrt.

Die nur drei Quadratkilometer große Insel hat rund 40 Bewohner und lässt sich in einer guten Stunde umrunden. Sehenswert sind der ab 1300 erbaute Leuchtturm aus rotem Backstein mit seiner Aussichtsplattform und der Friedhof der Namenlosen, auf dem Schiffbrüchige bestattet wurden. Auch Kleinode sind zu entdecken wie etwa ein Badehaus, in dem man sich umziehen kann, und die Bernsteinsammlung eines pensionierten Insellehrers. Auf Neuwerk gibt es außerdem einige Einkehrmöglichkeiten und Ferienunterkünfte.

In Cuxhaven selbst laden Strände in fünf Ortsteilen zum Baden ein, ausgestattet mit Strandkorbverleih und beaufsichtigten Badebereichen, den sogenannten Bojenbädern. Am Sandstrand von Duhnen gibt es eine Kurpromenade und ein Thalassozentrum. Die »Alte Liebe« ist das Wahrzeichen des Hafenortes. Den zweistöckigen Schiffsanleger und Wellenbrecher mit seinen weißen Geländern gibt es bereits seit 1733. Heute ist er auch als Aussichtsplattform beliebt, denn hier ziehen die großen Pötte aus aller Welt vorbei, um über die Elbe den Hamburger Hafen anzusteuern oder wieder zu verlassen. Ein Schiffsansagedienst informiert über die jeweilige Größe und Herkunft der Ozeanriesen. Von der »Alten Liebe« legen auch Fähren zu den Inseln Neuwerk und Helgoland sowie Ausflugsschiffe zu den Seehundsbänken ab.

Überfahrt zur Insel Neuwerk · Reederei Cassen Eils/Anleger Alte Liebe · Tel. 04721 32211 · www.helgolandreisen.de · Wattwagen: mehrere Anbieter vor Ort und auf Neuwerk, **CUX-Tourismus GmbH** · Cuxhavener Straße 92 · 27476 Cuxhaven · Tel. 04721 404200 · www.tourismus.cuxhaven.de

97 Wie ein »v« Marinegeschichte schrieb

Hafenbaudirektor Heinrich Goeker muss seinen Augen nicht getraut haben, als er den Namen in der Gründungsurkunde las: Wilhelmshafen, stand dort tatsächlich. Mit »f«! Dabei sollte es nach niederdeutschem Brauch doch ein »v« sein, genauso wie bei Bremerhaven und Cuxhaven.

So hatte er es schließlich im Entwurf der Urkunde geschrieben. In Berlin aber war der vermeintliche Schreibfehler korrigiert worden. Goeker wandte sich an General von Roon, der wiederum König Wilhelm I. von Preußen informierte. Höchstpersönlich befahl der spätere Kaiser des Deutschen Reiches, den vorherigen Buchstaben wieder einzusetzen. »Ich habe es ja auch gleich so ausgesprochen, lieber Roon«, soll er es kommentiert haben. So konnte also der neue Marinestützpunkt Wilhelmshaven am 17. Juni 1869 eingeweiht werden. Die Lage am nordwestlichen Ufer des Jadebusens war günstig. Heute ist die Stadt mit inzwischen 75 500 Einwohnern der größte Marinestandort in Deutschland. Über die geschichtlichen Hintergründe informiert das Deutsche Marinemuseum. Im zugehörigen Museumshafen sind unter anderem ein ehemaliger Zerstörer, ein Minenjagdboot und ein Unterseeboot zu besichtigen. An den Gründer Wilhelmshavens erinnert die drehbare Kaiser-Wilhelm-Brücke (ab 1905) auf der Binnenseite des Hafens. Die inzwischen erweiterte Bedeutung der Hafenstadt zeigt sich in Sehenswürdigkeiten wie dem Küstenmuseum, dem Aquarium Wilhelmshaven und dem UNESCO-Weltnaturerbe Wattenmeer Besucherzentrum. Mit dem 2012 in Betrieb genommenen JadeWeserPort hat Wilhelmshaven auch den bislang einzigen deutschen Tiefwasserhafen.

Bereits seit dem Jahr 2002 veranstaltet die Stadt den JadeWeserPort-CUP. Jedes Jahr im Herbst zieht die Traditionssegler-Regatta zahlreiche Besucher an, die das Ereignis auf der Jade verfolgen möchten. Bei der Regatta am Samstag fahren die Großsegler am JadeWeserPort vorbei. Ein weiterer Höhepunkt ist die Einlaufparade der Segler am Nachmittag.

Tourist-Information Wilhelmshaven · Bahnhofstraße 10 · 26382 Wilhelmshaven · Tel. 04421 91 30 00 · www.wilhelmshaven-touristik.de · **Deutsches Marinemuseum** · Südstrand 125 · 26382 Wilhelmshaven · Tel. 04421 40 08 40 · www.marinemuseum.de

Wilhelmshaven hat durchaus auch Strände, ist jedoch vor allem
für seine Marinegeschichte bekannt, über die man hier viel erfährt.

In den »Havenwelten« vereinen sich etliche maritime Sehenswürdigkeiten und Hafenanlagen.

Mehr als ein Liegeplatz für Boote

98

Bremerhaven liegt abseits der Nordseeküste und wird oft weniger wahrgenommen als die zugehörige Hansestadt Bremen oder der Badeort Cuxhaven. Dabei hat auch dieses Städtchen Besonderes zu bieten. Die »Havenwelten« vereinen etliche maritime Sehenswürdigkeiten und Hafenanlagen.

Ein Hafen kann so vieles bedeuten: Abschied und Abenteuer, Ankunft und Neubeginn. Fischer mit wettergegerbten Mienen oder faltenfreie Yachtbesitzerinnen. Touristenscharen und Offiziersanwärter. So versteht es sich nahezu von selbst, dass eine Großstadt an der Nordseeküste diese Welten vereint. In Bremerhaven ist ein maritimes Tourismuszentrum gewachsen, das zahlreiche Sehenswürdigkeiten zum Thema bietet. Dazu gehören das Deutsche Schifffahrtsmuseum, das Deutsche Auswandererhaus, ein Zoo am Meer und das Klimahaus, das eine Klimareise um die Welt ermöglicht. Darüber hinaus das U-Boot »Wilhelm Bauer« und das Historische Museum Bremerhaven mit dem Museumsschiff »FMS Gera«. Die drei großen Buchstaben bedeuten Fischereimotorschiff. Die »Gera« ist das einzige schwimmende Hochseefischerei-Museum in Deutschland. Neu ist die Ausstellung »Expedition Nordmeere – Fischereiwelten Bremerhaven« im Fischbahnhof. Sie wurde 2016 eröffnet und zeigt die Unterwasserwelten der nordischen Meere.

▶ **Immer wieder schön ist ein Besuch der Phänomenta mit naturwissenschaftlich-technischen Phänomenen zum Anfassen.**

Die »Havenwelten« sind aber auch: die Weserpromenade mit dem Weserstrandbad, der Strandhalle, dem Großen Leuchtturm (1854), der Seebäderkaje und dem Schlepperpier. Es gibt auch einen Radarturm mit weitem Blick von der Aussichtsplattform, einen Museumshafen von 1830 und den kaum jüngeren Neuen Hafen (1852) mit Speicher, Drehbrücke und alter Schleuse. Zum Yachthafen – der Lloyd Marina – gehört Wohnraum am Deich; das südländisch gestaltete Shoppingcenter der »Havenwelten« heißt »Mediterraneo«.

Havenwelten Bremerhaven · Bremerhaven Touristik & Tourist-Infos · H.-H.-Meier-Straße 6 · 27568 Bremerhaven · Tel. 0471 41 41 41 · www.havenwelten.de

99

Begegnungen in fremden Klimazonen

Auch auf eine ungewöhnliche Weltreise kann man in Bremerhaven starten. Es geht durch die wüstenheiße Sahelzone, die Antarktis und über die Südseeinseln. Dabei sind Gerüche, Geräusche und klimatische Bedingungen mit allen Sinnen zu erleben. Auch das Thema Klimawandel hat hier einen besonderen Platz gefunden.

Ein »Liebesbrief an unseren Planeten« sei diese Ausstellung, sagte Bob Geldof. Der engagierte Musiker war zur Eröffnungsfeier des Klimahauses gekommen. Es gehört seit 2009 zu den »Bremerhavener Havenwelten«. Bei der Klimareise um die Welt geht es durch verschiedene Landschaften und ihre Extreme: Über die Schweiz und Sardinien geht es nach Afrika, in die Wüste in der Sahelzone, zum Packeis der Antarktis und ins Südsee-Paradies Samoa. Insgesamt sind es neun Reiseziele, verteilt auf fünf Kontinente. Wie bei einer Expedition, werden die Ausstellungsbesucher entlang des achten östlichen Längengrads einmal um den Globus geleitet und erleben dabei die aufwändig gestalteten Landschaften mit allen Sinnen – Gerüche, Geräusche und die jeweiligen klimatischen Bedingungen. In kurzen Dokumentarfilmen erklären Menschen aus den Regionen, wie das Klima ihren Alltag prägt.

Natürlich ist auch der Klimawandel ein Thema, und zwar im Ausstellungsbereich »Perspektiven«. Dort wird auf die aktuellen Fragen zum Zustand der Erde eingegangen, über klimatische Veränderungen in der Vergangenheit, Gegenwart und Zukunft informiert. Und es wird dazu angeregt, über Lösungen nachzudenken. Im Ausstellungsbereich »Chancen« geht es darum, was jeder Einzelne konkret zum Klimaschutz beitragen kann. Besucher sind dazu eingeladen, in Themenkammern spielerisch zu testen, wie es um die eigene CO2-Bilanz steht. Sie bekommen Tipps an die Hand, die sich leicht im Alltag umsetzen lassen.

Zum Klimahaus gehört auch ein Offshore Center, das zeigt, wie Windkraftanlagen auf hoher See geplant, gebaut und betrieben werden.

Klimahaus Bremerhaven 8 ° Ost · Am Längengrad 8 · 27568 Bremerhaven · Tel. 0471 90 20 30 0 · www.klimahaus-bremerhaven.de

Die interaktive Ausstellung regt auch dazu an,
über Lösungen zum Klimawandel nachzudenken.

Register

Essen und Trinken

Kunst und Kultur

Entspannung

Übernachten

Freizeit und Familie

Einkaufen

Überraschungen

Natur

Impressum

Verantwortlich: Claudia Hohdorf
Redaktion: Dorothée Engel
Layout: Roman Bold & Black
Repro: LUDWIG:media
Umschlaggestaltung: derUHLIG; Umsetzung: Frank Duffek
Kartografie: Kartographie Huber, Heike Block
Herstellung: Miriam Tönnes
Printed in Italy by Printer Trento

Sind Sie mit diesem Titel zufrieden? Dann würden wir uns über Ihre Weiterempfehlung freuen.
Erzählen Sie es im Freundeskreis, berichten Sie Ihrem Buchhändler, oder bewerten Sie bei Onlinekauf. Und wenn Sie Kritik, Korrekturen Aktualisierungen haben, freuen wir uns über Ihre Nachricht an Bruckmann Verlag, Postfach 40 02 09, D-80702 München oder per E-Mail an lektorat@verlagshaus.de.

Unser komplettes Programm finden Sie unter www.bruckmann.de

Alle Angaben dieses Werkes wurden von der Autorin sorgfältig recherchiert und auf den aktuellen Stand gebracht sowie vom Verlag geprüft. Für die Richtigkeit der Angaben kann jedoch keine Haftung übernommen werden.

Bildnachweis: Alle Bilder des Innenteils stammen von Christine Lendt, außer:
Akademie Klappholtal: S. 19 (2); Arian Lendt: S. 37 o.; DEHOGA Kreisverband Dithmarschen: S. 155 u.; Delderfield Klimahaus: S. 189 (2); Dirk Jacobs, Heide: S. 129 o.; Eiergrog-Stuuv: S. 141 (2); Friesische Schafskäserei: S. 91 u.; Harald Bickel: S. 45 u.; Helmut Kunde, Strande: S. 73 o.; Hoftel Föhr: S. 45 o.; Holger Stöhrmann: S. 42 (2); Jürgen Sönnichsen: S. 31 u.; Kinka Tadsen: S. 30 o.; Kurverwaltung Helgoland: S. 181 u.; Kurverwaltung List auf Sylt: S. 6 u.; Malte Werning: S. 56; Melkstuv Westerhever: S. 97 u.; Multimar Wattforum Schlorke: 120 (2); © Museum Kunst der Westküste /Lukas Spörl: S. 38 (2); © Museum Kunst der Westküste: S. 40/41; NABU/NABU Archiv: S. 115 o.; Nolde Stiftung Seebüll: S. 73 u.; Oliver Franke: S. 153 u.; Peter Sommer: S. 165 (2); Ralf Niemzig: S. 63; Schleswig-Holsteinisches Landesmuseum Schloss Gottorf: S. 161 o.; Seehundstation Friedrichskoog e.V.: S. 162 (2); Stadt Heide: S. 168/169; TMS Büsum: S. 150/151, 153 o., 155 o.; Tourismus-Zentrale St. Peter-Ording: S. 108 o.; Tourist-Information Tönning/Ammon: S. 119 u.; © Tourismus-Zentrale St. Peter-Ording/Foto Hans Jörg Rickert: S. 91 o.; Volker von Hemsen: S. 166; Wattolümpiade e.V.: S. 176 (2).; Wolfgang Stöck: S. 28 o.; www.ostfriesland.de: S. 185 (2); www.aurora-sylt.de 0175 821 98 25, GEORG SUPANZ: S. 20/21;Zarges: S. 129 u.; huber-images.de: S. 77 o. (Gräfenhain); Lookphotos: S. 55 u. (S. Lubenow), 27 (Jörn Sackermann); mauritius images: S. 49 u. (dpa picture alliance archive), 173 o. (imageBROKER/Holger Weitzel), 83 (imageBROKER/Sabine Lubenow), 60 (2) (Peter Lehner), 66 (Travel Collection), 124/125 (Zoonar GmbH / Alamy), 77 u. (dpa/Wolfgang Runge), 70/71 (Westend61), 133 o. (Carmen Jaspersen), 133 u. (Ingo Wagner); Shutterstock: S. 174/175 (Olaf Schulz), 182 u. (JP Hausberg), 6 o. (Markus Zeller), 104/105 (mese.berg), 178/179 (suehling); Wikimedia Commons: S. 85 (2) (Dirk Ingo Franke), 182 o. (Dirk Vorderstraße), 186 o. (Garitzko), 28 u., 59 (Joachim Müllerchen), 181 o. (Jörg Braukmann), 130 o. (Jom at da), 15 (Magnus Manske), 32/33, 34 (Mathias Bigge), 49 o. (Michael Gaebler), 53 o. (Reinhard Dietrich), 23 (Sönke Rahn), 55 o. (Thomas Kraft), 186 u. (Tuxyso), 53 u. (pjt), 24 o. (Wolfgang Pehlemann), 130 u. (Wilhelmy)

Die Deutsche Nationalbibliothek verzeichnet diese Publikation in der Deutschen Nationalbibliografie; detaillierte bibliografische Daten sind im Internet über http://dnb.d-nb.de abrufbar.

ISBN 978-3-7343-0673-0